書けば貯まる！

今から始める

自分にピッタリな 老後のお金の作り方

プレ定年専門ＦＰ
三原由紀 著

SE
SHOEISHA

はじめに

自分の正解を見つけるために

本書を手にとっていただきありがとうございます。

終戦直後の1947年、日本人の平均寿命は男性50.06歳、女性53.96歳でした。その時代に「老後」という価値観は存在しなかったのではないでしょうか。時は移り、2016年に日本で翻訳本が出版されたリンダ グラットン著『LIFE SHIFT（ライフ・シフト)』(東洋経済新報社刊）で、100年ライフという言葉が使われ始めるようになりました。寿命が延びたことは喜ばしいことですが、生きていく上で切っても切り離せないのが「お金」です。お金がすべてではありませんが、お金があることで人生の選択肢が広がるのも事実です。

プレ定年専門FP（ファイナンシャル・プランナー）として日頃活動している私の元には、主に40代後半から50代の方からの相談依頼が寄せられます。「年金はどのくらいもらえるのか＝当てにできるのか？」「保険は見直したほうがよいのか？」「老後資金はどれくらい必要なのか？」「定年前までに貯めた預貯金で子どもの学費が足りるか？」「月々の生活費は使い過ぎていないか？」「今の資産状況で住み替えできるのか？」「60歳を間近に控え、これまでの生き方で何を変えて、何を変えなくていいのか？　そもそも自分はこのまま80歳以降まで金銭的に生き延びられるのか？」といったさまざまな内容です。

漠然とした不安があるものの、不安の中身がつかめていなかったり、対処のしかたがわからなかったりというケースについては、その部分を明らかにすることである程度の不安は解消できますが、みなさんが一番知りたいことは「自分たちの場合はどうなるのか？」ということです。

自分の正解を見つけるためには、世の中の制度や仕組みを知ることが重要と私は考えています。老後のお金回りを考えたくても、税金や社会保険料など仕組みが複雑で自分たちの場合はどうなるのかわからない、とご相談をいただくことも多いため、本書では公的年金・健康保険などの社会保険や、勤務先の制度についてワークを多用しました。特に50代は、若い世代と比べて老後のお金をつくる上で打つ手は少なくなっていますから、本書の中で押さえておくべき制度を知り、知恵を活かして乗り切っていきましょう。

また、すべてのワークを記入できなかったとしても、調べる必要がある情報に気づけたこと自体は大切にしたいところです。一番怖いのは無知であることです。気づけるのと、気づけない間には非常に大きな溝があります。

なお、本書は2021年7月時点の制度を基に書いておりますが、今後も働き方の制度や社会保障の給付・負担の改正は続きます。その時に、すべて自分でありとあらゆる知識を身につける必要はないこともぜひ知っておいていただきたいポイントです。

例えば、本書の中でもお伝えしていますが公的年金制度はかなり複雑です。社会保険労務士という専門家がいるほどですから、すべてを理解するのは並大抵なことではありません。どこに、あるいは誰に相談すれば自分の正解が得られるのか、といった視点でもぜひ考えてみてください。その中に、自分が相談したい分野に特化したFPも選択肢に加えていただけると幸いです。

2021年7月
三原 由紀

目次

はじめに ……… 003

第1章 老後に受け取る公的年金を把握しましょう

公的年金を理解すれば老後は怖くない ……… 008
自分の年金を確認する ……… 010
【ステップ1-1】ねんきん定期便で老後の大まかな年金額を計算する ……… 013
ねんきんネットを活用して詳しい年金額を計算する ……… 019
ねんきん定期便では確認できない年金を把握する ……… 021
【ステップ1-2】公的年金カレンダーをつくる ……… 024
【ステップ1-3】年金を増やす方法を知り、計算する ……… 026
【ステップ1-4】「おひとりさま」になった時の年金を計算する ……… 030

第2章 老後に受け取る退職金と私的年金を把握しましょう

退職給付制度を確認する ……… 034
【ステップ2-1】自分の退職金などをまとめる ……… 038
企業型確定拠出年金の加入者が確認しておくこと ……… 040
転職や定年前の退職で注意すること ……… 043
【ステップ2-2】個人年金の受取見込額をまとめる ……… 046
【ステップ2-3】退職金・私的年金カレンダーをつくる ……… 048

第3章 老後にいくら必要なのか確認し、足りない金額を把握しましょう

老後の生活に掛かるお金を知る ……… 052
老後資金はいつから貯める? ……… 055

【ステップ3-1】老後の生活費を見積もる ……… 056
【ステップ3-2】老後の特別費を見積もり、
ライフイベントカレンダーを作成 ……… 058
【ステップ3-3】足りない老後資金を計算する ……… 066
【ステップ3-4】自分の家計収支を把握し、家計を見える化する ……… 068
【ステップ3-5】今の資産を洗い出し、現状を正しく把握する ……… 072
今後どうすればいいのか確認する ……… 074

第4章 今のお金の使い方を見直し、家計をスリム化しましょう

生活費を見直して家計をスリム化する ……… 078
生命保険を見直して家計をスリム化〈死亡保障編〉……… 081
【ステップ4-1】遺族年金を計算する ……… 086
【ステップ4-2】民間の生命保険で備える
必要保障額を計算する ……… 088
生命保険を見直す時に注意すること ……… 092
医療保険を見直して家計をスリム化〈医療保障編〉……… 094
【ステップ4-3】既に持っている医療保障を確認する ……… 096
【ステップ4-4】死亡保障と医療保障を書き出す ……… 098
住宅費を見直す ……… 100
【ステップ4-5】通信費と車費を見直す ……… 102

第5章 老後に足りないお金を準備しましょう

〈会社員編〉収入を増やす方法 ……… 106
〈扶養編〉収入を増やす方法 ……… 110
〈自営業者編〉収入を増やす方法 ……… 114

【ステップ5-1】増やせる年金額を計算する ……… 118
資産を増やす方法 ……… 120
リタイア前後に受け取るお金を最大化する方法 ……… 125
【ステップ5-2】老後のキャッシュフロー表をつくる ……… 131

こんな場合はどうすればいいの？ Q&A …… 042、050、076

老後資金コラム

● 老後の生活設計に外せないキーワード「WPP」とは？ ……… 032
● 退職時は銀行員にご注意を ……… 037
● 親の介護に掛かるお金はどうすればいいの？ ……… 071
● 「食品ロス」を減らして、家計をスリム化！ ……… 080
● 定年時に住宅ローンが残った場合の対策 ……… 104
● 節税になる、いろいろな国民年金保険料の納め方 ……… 117
● 「老後に働くと年金が減ってしまう」は本当か!? ……… 130

【会員特典データのご案内】

誌面で掲載している書き込みシート【ステップ】は、以下のサイトからエクセルデータがダウンロードできます。

https://www.shoeisha.co.jp/book/present/9784798171890

●注意
※会員特典データのファイルは圧縮されています。ダウンロードしたファイルをダブルクリックすると、ファイルが解凍され、利用いただけます。
※会員特典データのダウンロードには、SHOEISHA iD（翔泳社が運営する無料の会員制度）への会員登録が必要です。詳しくは、Webサイトをご覧ください。
※会員特典データに関する権利は著者および株式会社翔泳社が所有しています。許可なく配布したり、Webサイトに転載することはできません。
※会員特典データの提供は予告なく終了することがあります。あらかじめご了承ください。
●免責事項
※本書や会員特典データの記載内容は、2021年7月現在の法令・情報等に基づいています。
※会員特典データの提供にあたっては正確な記述につとめましたが、著者や出版社などのいずれも、その内容に対してなんらかの保証をするものではなく、内容やサンプルに基づくいかなる運用結果に関してもいっさいの責任を負いません。
※会員特典データで提供するファイルは、Microsoft Excel 2019で動作を確認しています。以前のバージョンでも利用できますが、一部機能が失われる可能性があります。

第1章

老後に受け取る公的年金を把握しましょう

公的年金を理解すれば老後は怖くない

- □老後のお金の不安は「わからない」ことが最大の原因
- □「わからない」を解消する3つの心得をチェック
- □公的年金は老後の収入の柱

「老後に2,000万円の貯蓄が必要」は本当なの？

2019年に「老後資金2,000万円問題」がマスコミの報道で話題になったこともあり、老後のお金に対して不安を抱かれた方は多いのではないでしょうか。これは、総務省の2017年家計調査報告をベースに計算が行われたものです。具体的には高齢夫婦無職世帯（夫65歳以上、妻60歳以上）が、毎月の赤字額平均約5万5,000円で平均余命まで30年生きた場合の赤字総額になります。5万5,000円に30年（12か月×30年=360か月）を掛けると1,980万円、これが2,000万円問題の正体です。統計上の平均データを元にした計算なので、参考にはなりますが、自分に当てはまるかどうかは別の話と思っていただいて構いません。なぜなら、同じ収入であっても会社員と個人事業主では加入する年金制度が違うため、老後にもらう年金額は違ってきます。また、同じ会社に勤めて同じようなお給料をもらっていても家庭の事情は異なります。家族構成や生活水準、マイホームの有無、子どもへの教育費の使い方などを考慮するとまったく同じ状況はあり得ないのではないでしょうか。つまり、個人や世帯によって老後に必要なお金は違うといえるのです。ただし、人それぞれ違うと聞いたからといって不安が解消されるわけではありません。それは、「老後のお金の不安」を増大させる一番の原因は自分の老後にいくら必要なのか「わからない」からです。

「わからない」を解消する３つの心得

シンプルにいうと、「わからない」ことが「わかる」に変われば不安は解消します。具体的には、次に挙げた３つの心得を理解していきましょう。

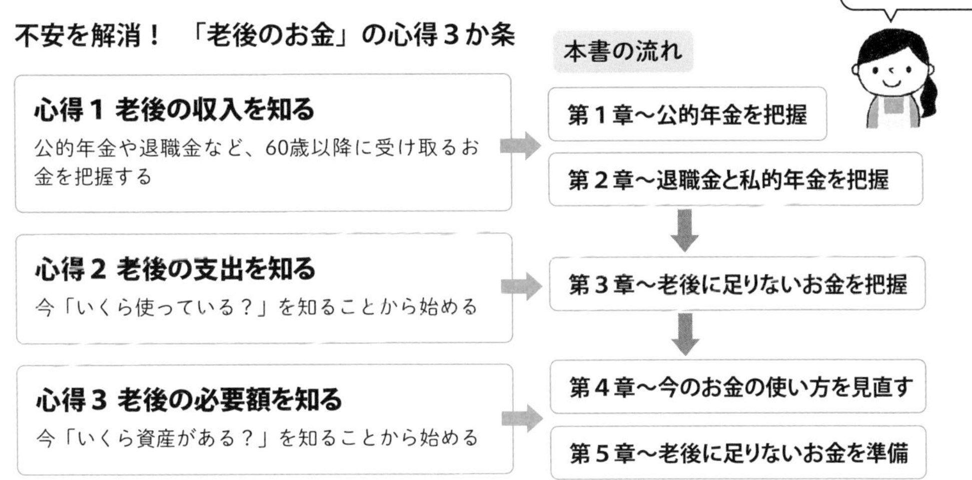

本書ではこの３つの心得に従って書き進めていきます。大切なことは、すべて自分の情報を調べて計算を行っていくこと。世の中にはご存じのように情報が溢れています。インターネットで検索すれば、いくらでも調べることができる便利な社会です。ただし「自分の場合はどうなの？」については調べてみても残念ながら答えは出てきません。書き込み式の本書だからこそ自分の答えを導き出すことができるのです。

老後の収入の柱は公的年金です

厚生労働省の調査によると、65歳以上の公的年金等を受給している高齢者世帯のうち、約半数が公的年金だけで生活しています。また、総所得に占める公的年金等の割合が８割以上に上る世帯に至っては６割以上。つまり多くの世帯は老後の収入の柱は公的年金であるといえるのです。老後に受け取る公的年金を「老齢年金」といいますが、日本は高齢化が進んでいるため将来受け取れなくなるのではないかといった不安の声も多いようです。しかし、定期的に財政の検証を行い、少しずつ年金額の水準を抑えていく仕組みを導入するなど対策を続けています。

今のところ年金制度が破綻する可能性は極めて低いと考えていいでしょう。あやふやな情報に惑わされずに、積極的に年金制度の基本的な仕組みを知り、有効に活用することで「老後の収入」を増やすことにも繋がるのです。日本は申請主義ですから、例えば自分にとって有利な年金の受け取り方があったとしても誰も教えてはくれません。老齢年金は一生涯もらえる終身年金です。ぜひ、自分や世帯にとってベストな選択肢を見つけていきましょう。

自分の年金を確認する

- □公的年金は人生の4大リスクに備える国の保険
- □加入する年金は働き方により3つの種類に分かれる
- □将来受け取る年金額は加入状況で大きな差がつく

年金制度は人生のリスクに備える国の保険です

日本では20歳から60歳に達するまで40年にわたり国民年金に加入する義務があります。年金は次の図にあるように、主に4つのリスクに対応する保険機能を備えていて、日常で私たちが口にしている「年金」とは、正確には「老齢年金」のことを指しています。年金は高齢者向けのイメージが強いですが、若い人の障害、死亡、また、長期で資源価格が上がるインフレリスクにもある程度対応しているのです。これらのことから、年金はすべての人にとって重要な「国の保険」と理解しておきましょう。

年金が対応する人生の4大リスク

①長生きのリスク

老齢年金

日常で私たちが口にしている年金

②けがや病気のリスク

障害年金

③大黒柱の死亡のリスク

遺族年金

④インフレのリスク

賦課方式

現役世代が納めた保険料を年金受給者の支払いへ

なお、保険料の支払いを怠ると年金を受け取れない場合があります。特に自分で国民年金の保険料を支払う自営業者などは注意が必要です。例えば経済的に支払いが厳しくなった時には、未納のまま放置せずに年金事務所や役所に相談を。猶予や免除など申請すれば通る可能性があるからです。会社員は給与から天引きされますが、転職などで会社を移る時には空白期間ができないように気をつけましょう。

自分が加入している年金の種類を確認しておくこと

次に「自分がどの年金に加入しているのか」を確認しておきましょう。日本の公的年金制度は次の図のように２階建てで、働き方によって加入する種類（正確には第１～３号被保険者）が異なります。

公的年金の種類

働き方は?	自営業・フリーランス・無職など	会社員・公務員	専業主婦（夫） ※扶養内で働く主婦（夫）を含む
加入する年金（２階建)、加入年齢		２階部分：厚生年金	
	1階部分：国民年金		
	第１号被保険者 20歳から原則60歳まで	第２号被保険者 就職から退職（最長70歳）まで	第３号被保険者 第２号被保険者に扶養されている20歳から60歳までの配偶者
保険料	定額１万6,610円 （2021年度）	月給の18.30% （月給の上限あり、半分は会社が負担）	負担なし

すべての人が加入するのが「国民年金」で、公的年金の１階部分になります。会社に所属せず働く自営業やフリーランスなどは国民年金の「第１号被保険者」と呼ばれ、加入できる公的年金は国民年金のみになります。

次に、会社員や公務員などは国民年金の「第２号被保険者」と呼ばれ「厚生年金※」に加入します。少しややこしいのですが「厚生年金」は公的年金の２階部分に当たり、自動的に「国民年金」に加入することになります。

なお、厚生年金加入者に扶養されている配偶者を国民年金の「第３号被保険者」と呼び、年収130万円未満の人は保険料の負担なく「国民年金」に加入します。ただし2016年10月から年収130万円未満で厚生年金に加入するケースもあるため、自分が第何号なのかしっかり確認しておきましょう。

※**厚生年金**：正式には厚生年金保険といいますが、国民年金とあわせて本書では厚生年金といいます。

加入状況で将来受け取る年金額には大きな差がつくことも

国民年金の保険料は収入にかかわらず一律です。2021年度で月額1万6,610円、原則65歳から月額約6万5,000円（40年加入、満額の場合）の「老齢基礎年金」を亡くなるまで受け取れます。ただし、最低10年（120か月）以上加入している必要があり、10年未満だとまったく受け取れないため要注意です。また、保険料を納めた期間が40年（480か月）未満の場合、その分年金受取額は減ってしまうので自分の加入状況を確認することも重要です。

一方の厚生年金の保険料は月給に対して定率18.30%、給与から天引きされています。つまり収入が多いほど保険料も高くなります（上限あり）。とは言っても、保険料の半分（9.15%）は会社が負担しているのです。また、原則65歳から亡くなるまで受け取る「老齢厚生年金」は支払った保険料に応じるため、収入が多いほど受け取る年金額も多くなる仕組みです。なお、条件を満たすと65歳前に「特別支給の老齢厚生年金」を受け取れるケースがあり、それについてはP.16で確認します。

厚生年金の加入者は、国民年金への加入も含み「老齢基礎年金」も受け取ることになります。また、過去に厚生年金に1か月以上加入していれば老齢厚生年金を受け取れることも覚えておきましょう。その際、国民年金に10年以上加入して老齢基礎年金を受け取る条件を満たしている必要があります。

ただし、どの年金であっても請求しないともらえません。また、同じ年収であっても加入する年金、加入期間によって老後に受け取る年金額は異なるので、自分の年金は「いつから」「いくらぐらい」もらえるのか？　次節で計算をしていきましょう。

老後に受け取る公的年金の種類

	老齢基礎年金	老齢厚生年金
受け取りに必要な加入期間	10年（120か月）以上	1か月以上
支給はいつから?	原則65歳から（60～70歳まで選べる）	
	—	※1年以上の加入で、生年月日により60～64歳で受け取れるケースがある

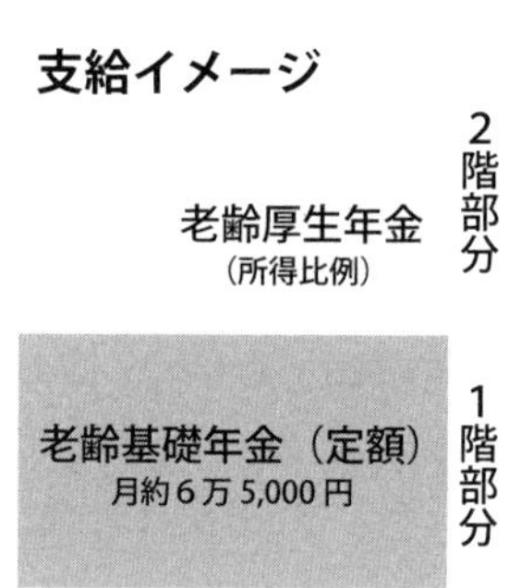

【ステップ1-1】ねんきん定期便で老後の大まかな年金額を計算する

ねんきん定期便は毎年誕生月に届く重要書類です

ねんきん定期便を見れば、将来受け取る自分自身の年金額の見通しを知ることができます。書かれている内容は50歳未満と50歳以上で異なりますが、共通しているのは年に1回誕生月にハガキで、35歳・45歳・59歳には封書でいずれも日本年金機構から届くことです。ここでは、ねんきん定期便でチェックすべきポイントと将来の年金見込額を算出する方法をお伝えします。ちなみに見込額は大まかな金額ではありますが、【ステップ1-1】の計算式を知っておけばいつでも将来受け取る公的年金の見込額を手計算できますから、大変便利です。

ねんきん定期便が見当たらない場合は、日本年金機構の「ねんきんネット（**https://www.nenkin.go.jp/n_net/index.html**）」というサイト上で「電子版ねんきん定期便」を閲覧できます。ねんきんネットへの登録についてはP.18で詳しく説明します。

なお、ここでは大まかな金額を計算しますが、次節では、ねんきんネットを使ったより詳しい年金見込額の確認方法を説明します。

50歳未満と50歳以上のねんきん定期便でチェックするポイント

50歳未満も50歳以上も初めに確認するのは、ねんきん定期便（次ページの画像）のAとBの箇所です。

Aは国民年金と厚生年金を合算した受給資格期間の合計です。老後の年金を受け取るには120か月以上必要ですから、達していない場合はあと何か月必要か確認しておきましょう。Bは最近の年金納付状況です。特に転職した場合には、納付状況に「未納」がないか確認を。未納の記載があれば早めに支払いましょう。未納の場合、障害年金や遺族年金を受け取れない可能性もあるので注意が必要です。

ねんきん定期便で初めに確認する２か所（ＡとＢ）

1．これまでの保険料納付額（累計額）

（1）国民年金保険料（第１号被保険者期間）	円
（2）厚生年金保険料（被保険者負担額）	
一般厚生年金期間	円
公務員厚生年金期間	円
私学共済厚生年金期間	円
（1）と（2）の合計	円

この定期便は、下記時点のデータで作成しています。
納付記録がデータに反映されるまで日数がかかることがあります。

国民年金および一般厚生年金期間	公務員厚生年金期間（国家公務員・地方公務員）	私学共済厚生年金期間（私立学校の教職員）

「ねんきん定期便」の見方は、

ねんきん定期便　見方　検索

2．これまでの年金加入期間（老齢年金の受け取りには、原則として１２０月以上の受給資格期間が必要です）

国民年金（a）			船員保険（c）	年金加入期間 合計（未納月数を除く）（a＋b＋c）	合算対象期間等（d）	受給資格期間（a＋b＋c＋d）
第１号被保険者（未納月数を除く）	第３号被保険者	国民年金 計（未納月数を除く）				
月	月	月	月			
厚生年金保険（b）						
一般厚生年金	公務員厚生年金	私学共済厚生年金	厚生年金保険 計			
月	月	月	月	月	月	A 月

3．これまでの加入実績に応じた年金額
（今後の加入状況に応じて年金額は増加します※表面の図もご覧ください）

（1）老齢基礎年金	円
（2）老齢厚生年金	
一般厚生年金期間	円
公務員厚生年金期間	円
私学共済厚生年金期間	円
（1）と（2）の合計	円

お客様のアクセスキー

※アクセスキーの有効期限は、本状到着後、3カ月です。

右のマークは目の不自由な方のための音声コードです。

私学共済の加入者番号

※お問い合わせの際は、照会番号をお伝えください。

最近の月別状況です

下記の月別状況や裏面の年金加入期間に「もれ」や「誤り」があると思われる方、特に、転勤・転職が多い場合、姓（名字）が変わったことがある場合などは、お近くの年金事務所にお問い合わせください。

年月（和暦）	国民年金（第1号・第3号）納付状況	厚生年金保険			
		加入区分	標準報酬月額（千円）	標準賞与額（千円）	保険料納付額
			B		

【50歳未満】のねんきん定期便から、老後の年金見込額を計算する

次の画像にあるねんきん定期便に記載の①と②は、これまでの加入実績に応じた年金額です。少なくてびっくりしたでしょうがそれは当たり前で、今後働き続けることで実際の年金額は増えていきます。いくつまで、どのくらいの年収で働くつもりかをイメージして次ページ【ステップ 1-1-1】に記入しましょう。

● 次ページの計算式「これまでの加入実績に応じた年金額」の書き方

◆（1）「老齢基礎年金」欄：左下の画像の①の金額を、「夫の年金」「妻の年金」それぞれに転記します。単身者は、夫か妻の片方のみに転記します。

◆（2）「老齢厚生年金」欄：左下の画像の②の合計金額を転記します。

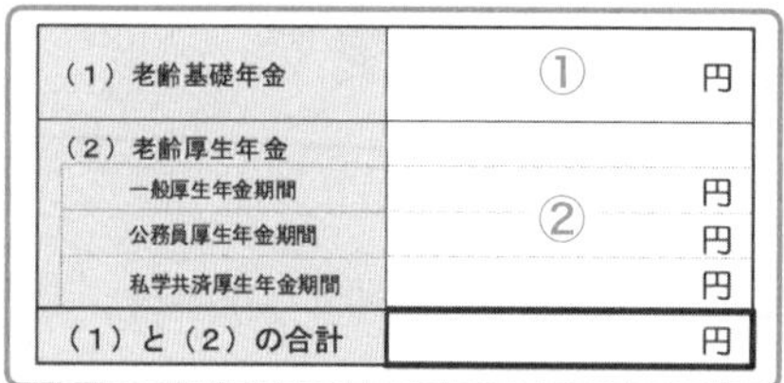

（1）老齢基礎年金	①　円
（2）老齢厚生年金	
一般厚生年金期間	円
公務員厚生年金期間	②　円
私学共済厚生年金期間	円
（1）と（2）の合計	円

※①老齢基礎年金の金額には、付加年金の金額も含まれているのでそのまま転記します。国民年金第１号被保険者で付加年金を納めている人は注意しましょう。

ねんきん定期便の裏面の３より

● 次ページの表「これからつくっていく年金額」の書き方

◆（3）「老齢基礎年金」欄：今から60歳までの年数をカッコ内に記入して計算します。

◆（4）「老齢厚生年金」欄：今後の平均年収、退職までの年数をカッコ内に記入して計算。明確でなくてもよいですが、厚生年金に加入し続けることで年金額がどう変わるかイメージします。なお、最高で標準報酬月額※65万円と１回のボーナスが150万円までを足した金額が「今後の平均年収」の上限額となります。

※**標準報酬月額**：毎月の厚生年金保険料を計算しやすくするための基準となる金額。

【ステップ 1-1-1】【50歳未満】の年金見込額を計算

夫の年金

※小数点第２位は四捨五入

これまでの加入実績に応じた年金額（ねんきん定期便より）

（1）老齢基礎年金　前ページの画像①の金額を転記→　万円

（2）老齢厚生年金　前ページの画像②の金額を転記→　万円

これからつくっていく年金額

（3）老齢基礎年金
今から60歳までの年数（　　年）×２万円　万円

（4）老齢厚生年金
今後の平均年収（　　万円）× 0.55% × 今から退職までの年数（　　年）　万円

夫の年金見込額の合計（年間）

老齢基礎年金（1）＋（3）　【ステップ 1-2】（P.25）A 列の65～90歳へそれぞれ転記 →　万円（A）

老齢厚生年金（2）＋（4）　【ステップ 1-2】（P.25）B 列の65～90歳へそれぞれ転記 →　万円（B）

夫の年金見込額の合計（90歳まで）《（A）＋（B）》×25年　万円

妻の年金

これまでの加入実績に応じた年金額（ねんきん定期便より）

（1）老齢基礎年金　前ページの画像①の金額を転記→　万円

（2）老齢厚生年金　前ページの画像の金額②を転記→　万円

これからつくっていく年金額

（3）老齢基礎年金
今から 60 歳までの年数（　　年）×２万円　万円

（4）老齢厚生年金
今後の平均年収（　　万円）× 0.55% × 今から退職までの年数（　　年）　万円

妻の年金見込額の合計（年間）

老齢基礎年金（1）＋（3）　【ステップ 1-2】（P.25）A 列の65～90歳へそれぞれ転記 →　万円（A）

老齢厚生年金（2）＋（4）　【ステップ 1-2】（P.25）B 列の65～90歳へそれぞれ転記 →　万円（B）

妻の年金見込額の合計（90歳まで）《（A）＋（B）》×25年　万円

【50歳以上】のねんきん定期便から、老後の年金見込額を計算する

50歳以上のねんきん定期便は、このまま60歳まで現時点での納付状況が続いた場合の年金の見込額がハッキリと記載されています。まずは、手元のねんきん定期便の欄外下に「一般厚生年金期間の報酬比例部分には、厚生年金基金の代行部分を含んでいます」と記載があるか確認します。過去を含め、勤務先で厚生年金基金への加入があると下の画像の②と③の金額に影響が出てきます。厚生年金基金への加入が不明な場合は、ねんきんネット（P.23参照）で確認できますが、ここではこのまま進んで問題ありません。

● 次ページの計算式「65歳からの年金見込額の合計（年間）」の書き方

ねんきん定期便の下の画像の①と②の金額を、それぞれ表の①老齢基礎年金、②老齢厚生年金に転記します。次に、①と②を足した金額を年金見込額の合計に書き入れます。
２人暮らしの場合、夫や妻などそれぞれの年金額を記入します。

※①老齢基礎年金の金額には、付加年金の金額も含まれているのでそのまま転記します。国民年金第１号被保険者で付加年金を納めている人は注意しましょう。

● 次ページの計算式「特別支給の老齢厚生年金額」の書き方

対象者は、1961年４月１日以前に生まれた男性と、1966年４月１日以前に生まれた女性でいずれも厚生年金の加入歴が１年以上ある人です。対象となる人は、ねんきん定期便の下の画像の③に金額が記載されているのでその金額を転記します。

3．老齢年金の種類と見込額（年額）（現在の加入条件が60歳まで継続すると仮定して見込額を計算しています）

郵便はがき

受給開始年齢	62歳～	63歳～	64歳～	65歳～
（1）基礎年金				老齢基礎年金 ① 円
（2）厚生年金	特別支給の老齢厚生年金	特別支給の老齢厚生年金	特別支給の老齢厚生年金	老齢厚生年金
一般厚生年金期間		（報酬比例部分） 円	（報酬比例部分） 円	（報酬比例部分） 円
		（定額部分） 円	（定額部分） 円	（経過的加算部分） 円
公務員厚生年金期間	（報酬比例部分） 円	（報酬比例部分） 円	（報酬比例部分） 円	（報酬比例部分） 円
	（定額部分） 円	（定額部分） 円	（定額部分） 円	（経過的加算部分） ② 円
	（経過的職域加算額（共済年金）） 円	（経過的職域加算額（共済年金）） 円	（経過的職域加算額（共済年金）） 円	（経過的職域加算額（共済年金）） 円
私学共済厚生年金期間	（報酬比例部分） 円	（報酬比例部分） 円	（報酬比例部分） 円	（報酬比例部分） 円
	（定額部分） 円	（定額部分） 円	（定額部分） 円	（経過的加算部分） 円
	（経過的職域加算額（共済年金）） 円	（経過的職域加算額（共済年金）） 円	（経過的職域加算額（共済年金）） 円	（経過的職域加算額（共済年金）） 円
（1）と（2）の合計	③ 円	③ 円	③ 円	円

※一般厚生年金期間の報酬比例部分には、厚生年金基金の代行部分を含んでいます。
※年金見込額は今後の加入状況や経済動向などによって変わります。あくまで目安としてください。

男性（1961.4.1以前）、女性（1966.4.1以前）生まれの場合、③に金額が記載されている

【ステップ 1-1-2】【50 歳以上】の年金見込額を計算

夫の年金

※小数点第 2 位は四捨五入

65歳からの年金見込額の合計（年間）

①老齢基礎年金	【ステップ 1-2】（P.25）A 列の65〜90歳へそれぞれ転記 →	万円
②老齢厚生年金	【ステップ 1-2】（P.25）B 列の65〜90歳へそれぞれ転記 →	万円
夫の年金見込額の合計（年間）①＋②		万円（A）

妻の年金

65 歳からの年金見込額の合計（年間）

①老齢基礎年金	【ステップ 1-2】（P. 25）A 列の65〜90歳へそれぞれ転記 →	万円
②老齢厚生年金	【ステップ 1-2】（P. 25）B 列の65〜90歳へそれぞれ転記 →	万円
妻の年金見込額の合計（年間）①＋②		万円（B）

特別支給の老齢厚生年金額（前ページの画像③に金額が記載されている人）

	夫	妻
③62歳	万円	万円
③63歳	万円	万円
③64歳	万円	万円
合計	万円（C）	万円（C）

【ステップ 1-2】（P.25）B 列の 62〜64歳へそれぞれ転記

夫の年金見込額の合計（90歳まで） (A)×25 年+(C)	万円
妻の年金見込額の合計（90歳まで） (B)×25 年+(C)	万円

ねんきん定期便がない場合は、ねんきんネットへ登録して確認する

ねんきん定期便が見当たらない場合には、ねんきんネットに登録して「電子版ねんきん定期便」を手に入れましょう。はじめに、パソコンやスマートフォン（以下、スマホ）を操作してねんきんネットへ登録を行います。

ねんきんネットの利用方法

❶年金手帳や年金証書など基礎年金番号がわかるもの、パソコンやスマホ、メールアドレスを用意する

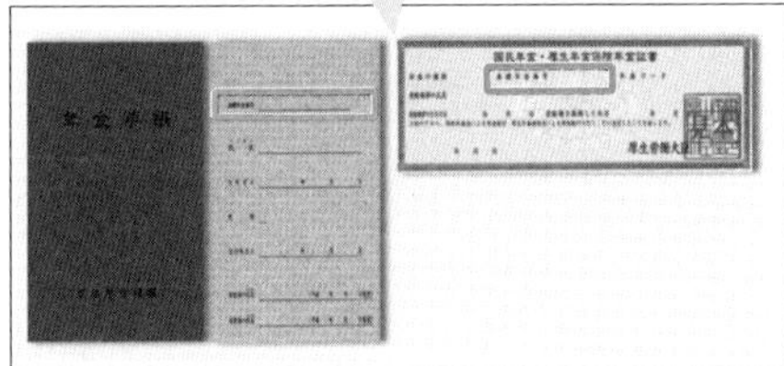

❷インターネットで「ねんきんネット」を検索し、「新規登録」をクリックする

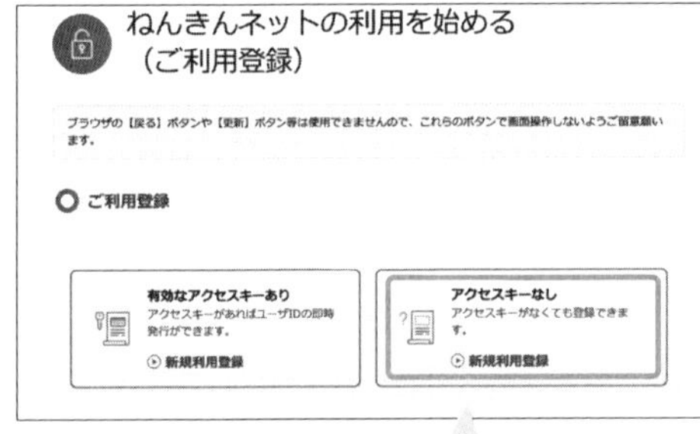

❸「アクセスキーなし」を選択、新規利用登録へ進む

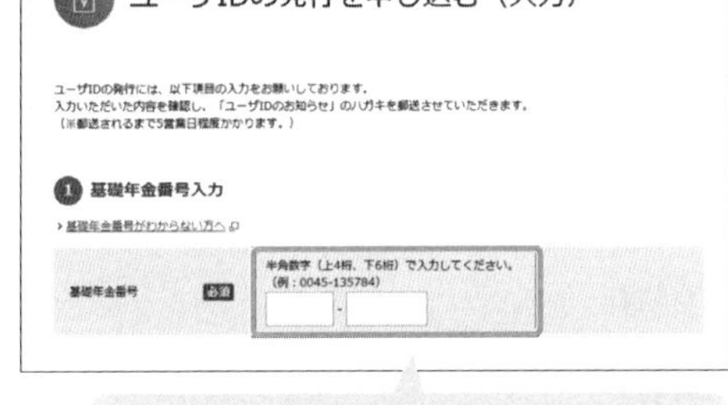

❹基礎年金番号など必要事項を入力し、ユーザー ID の発行を申し込む

❺5営業日程度で日本年金機構から「ユーザーIDのお知らせ」というハガキで登録住所へ届く。記載内容を入力するとねんきんネットへログインが可能になる。ログイン後にトップページ内にある「通知書を確認する」をクリックすると、紙のねんきん定期便と記載内容が同じ PDF がダウンロードできる

50歳未満の人は【ステップ 1-1-1】（P.15）の（1）（2）へ、50歳以上の人は【ステップ 1-1-2】（P.17）の①〜③へそれぞれ記入しましょう。シートへの記入方法は、各ステップの前ページに記載している紙のねんきん定期便と同様です。なお、電子版ねんきん定期便の更新のタイミングは紙と同じ誕生月で、登録したメールアドレスにお知らせのメールが届きます。

ねんきんネットを活用して詳しい年金額を計算する

- □パソコン・スマホで手軽に登録
- □電子版ねんきん定期便を手に入れる
- □将来の年金見込額を詳しく試算

ねんきんネットに登録する

50歳未満の人は、リタイアするまでにさまざまな働き方をする可能性が高いかもしれません。紙のねんきん定期便からは、リタイアまでの年数と想定した平均年収から簡易計算で将来の年金見込額を計算しました。しかし実際には、年齢に応じて年収も変わるものです。そこで、ねんきんネットを利用すると、年齢と年収を細かく設定して試算できる機能がありとても便利です。また、最新の加入記録に基づいて試算を行えるという特徴もあります。より具体的な金額を把握しておきたい人は、ねんきんネットを活用しましょう。登録方法は、前ページに記載してある「ねんきんネットの利用方法」を参照してください。

ねんきんネットでできる主なこと

1. 自分の年金記録の確認
2. 将来の年金見込額の確認
3. 電子版ねんきん定期便の閲覧
4. 日本年金機構から郵送された各種通知書の確認など

将来の年金見込額を詳しく試算する

ねんきんネットの便利な機能の一つに、今後の職業や収入、受け取り開始年齢などを設定する「詳細な条件で試算」があります。詳細な条件で試算するメリットは、いくつかあります。50歳未満であれば、働き方や年収を細かく設定することで将来の年金見込額にどのような影響があるのかをイメージできます。これは手計算では難しいところです。また、50 歳以上であれば、60 歳までに年収が下がる、あるいは 60 歳以降も働き続けて厚生年金に加入する、といった状況に応じた試算が可能です。ここで計算された詳しい年金額を【ステップ 1-1-1】(P.15) の (A) (B)、【ステップ 1-1-2】(P.17) の (A) ～ (C) に書き直しても大丈夫です。

ねんきんネットで詳細な年金見込額を確認する方法

〈例〉57歳の会社員が64歳まで働いて、65歳から老齢厚生年金を受け取る場合

1. ねんきんネットにログイン→「将来の年金額を試算する」をクリック→「詳細な条件で試算」をクリックする
2. 「試算条件を入力する」のページで次の質問１～６に答える

質問1 今後の職業の選択 必須

Q 現在の職業を継続しますか？
※ 右の補足エリアをご確認ください。

A はい いいえ

質問2 収入（月額）の見込額を千円単位で入力してください。

半角数字で入力してください。（例：180,000円）

およそ 300 ,000円

質問3 賞与（ボーナスなど）の支払月と見込額を千円単位で入力してください。（最大3つ）

見込額は半角数字で入力してください。（例：6月 200,000円）

1. - 月 ,000円

質問4 就業等の期間の見込を入力してください。

※ 開始年月は**57歳06ヶ月**以降を入力してください。あわせて右の補足エリアをご確認くだ

（例：66歳00ヶ月から69歳11ヶ月まで）

57 歳 06 ヶ月から 64 歳 11 ヶ月まで

質問5 今後の勤め先は厚生年金基金に加入していますか。

厚生年金基金の説明 ＋開ける

○ 加入している
◉ 加入していない
○ わからない

質問6 今後の勤め先の変更有無を選択してください。

Q 現在の勤め先から変更はありますか？

A はい いいえ わからない

Q どちらに該当しますか？

A 引き続き同じ勤め先で就労する 一度退職し、再び同じ勤め先に就職する

3. 受給予定年金見込額（月額）が表示される

受給期間	年金見込額（月額）	支給停止見込額（月額）	受給予定年金見込額（月額）	金額の内訳を表示
65歳01ヶ月～	185,293円	0円	185,293円	金額の内訳

ねんきん定期便では確認できない年金を把握する

□ねんきん定期便に記載がない年金は3つ
□加給年金と振替加算を受け取れるか確認
□厚生年金基金の代行部分を確認

ねんきん定期便に記載がない年金は３つある

ねんきん定期便やねんきんネットで自分の老後の年金見込額を確認してきましたが、実はねんきん定期便に載っていない情報があります。というのもねんきん定期便やねんきんネットには配偶者や被扶養者（子どもなど）の情報が反映されていないからです。つまり、ほかに受け取れる年金が存在する可能性があり、具体的には次の３つになります。

①加給年金　②振替加算　③厚生年金基金の代行部分

加給年金と振替加算が受け取れるかチェックする

加給年金は、老齢厚生年金にひもづく家族手当のようなものです。受け取る目安は、65 歳時に次の３つにすべてに当てはまることです。

1．世帯主が厚生年金に 20 年以上加入

2．生活を維持する配偶者（配偶者の前年の年収 850 万円未満）、または子どもがいる

3．受給時、配偶者が 65 歳未満、厚生年金加入期間が 20 年未満

条件をクリアすると、配偶者が 65 歳になるまで年間約 39 万円を受け取れます。ポイントは配偶者が年下であること。加給年金の有無で年間約 39 万円もの加算になりますから、年の差がある夫婦などは特に要チェックです。また、配偶者が年上の場合は、次に出てくる振替加算が付きます。

世帯主に支給されていた加給年金は、配偶者が 65 歳になると支給が打ち切られます。その代わりに、配偶者が老齢基礎年金を受け取り始めると配偶者に振替加算が付くことになります。配偶者が年上の場合は、世帯主が65歳になった時からいきなり振替加算を受け取ることができます。なお、配偶者の生年月日が1966年4月2日以降の場合は振替加算を受け取ることはできません。振替加算の金額は生年月日によりますが、1961年4月2日～1966年4月1日の期間生まれた人で年間約1万5,000円です。これらの年金は、自分で年金事務所もしくは年金相談センターへの届け出をしないと受け取ることができませんからチェックしておきましょう。

加給年金と振替加算のイメージ図

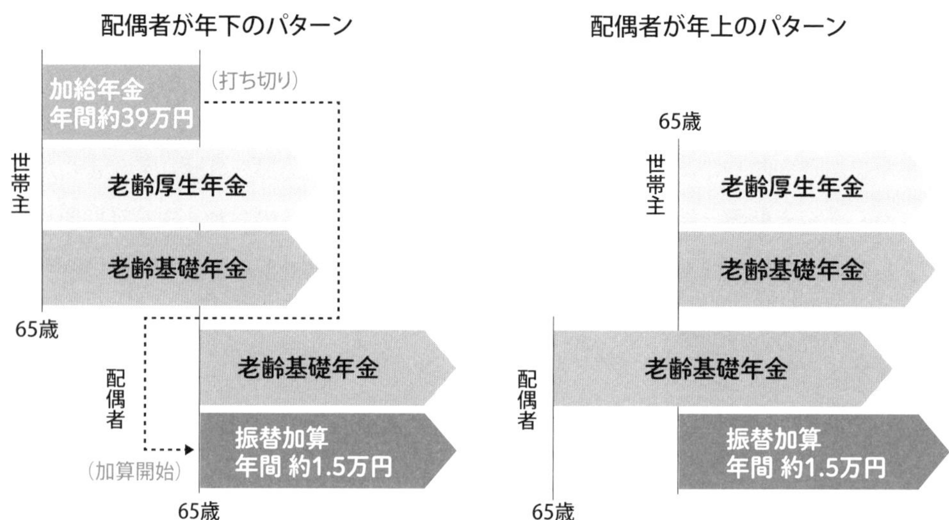

加給年金や振替加算の受け取りが可能な場合は、以下に従ってP.25の年金カレンダーに記入します。

なお、自分が受け取ることができるか不安な時には、年金事務所に相談しましょう。公的年金制度は複雑ですから、わからないことは確認するのが確実です。

● 加給年金や振替加算の受け取りが可能な場合

◆加給年金の受取見込額が約39万円：P.25の【ステップ1-2】「公的年金カレンダーをつくる」のD列（世帯主）へ記入します。受取期間は、世帯主が65歳からスタートして、配偶者が65歳になるまでです。

◆振替加算の受取見込額が約1.5万円：P.25の【ステップ1-2】「公的年金カレンダーをつくる」のE列（配偶者）へ記入します。受取期間は、上図を参考にして配偶者が年上か年下かに応じて記入します。

厚生年金基金の代行部分が受け取れるかチェック

厚生年金基金は、企業年金制度の一つです。「厚生年金」と名称が似ていますがまったく別のものです。しかし、国の年金ではありませんが、国が行う老齢厚生年金の一部の支給を厚生年金基金や企業年金連合会が代行（下の図の基金代行部分）し、これにプラスアルファ部分を上乗せして年金給付を行う仕組みとなっているので要チェックです。こちらについては、ねんきんネットで概算額を確認します。2021 年度のねんきん定期便（50 歳以上）から老齢厚生年金額に含まれることになりましたが、基金代行部分の金額はねんきんネットでの確認が引き続き必要です。

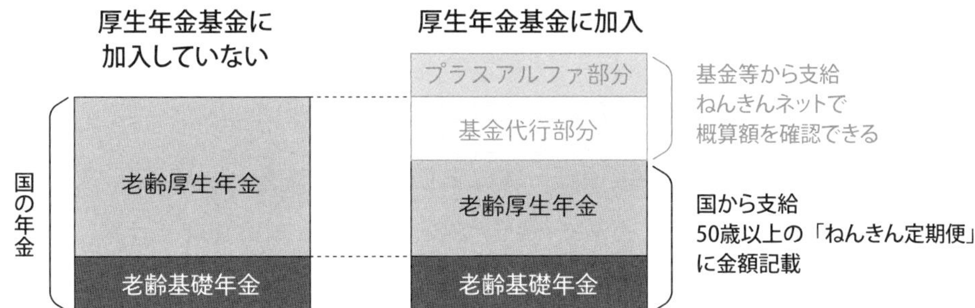

受け取れるのは、厚生年金基金に加入していた人です。一生涯受け取れる年金ですから、加入していたかどうか不明な場合はこの機会に確認しておきましょう。

厚生年金基金の基礎代行部分の確認方法

1. ねんきんネットにログイン→「将来の年金額を試算する」をクリック→「かんたん試算」→「試算する」をクリックする。
2. 「試算結果」には、老齢厚生年金、64歳以前の特別支給の老齢厚生年金（該当する場合）が表示される。右端の「金額の内訳」をクリック。
3. 「基金代行部分」に金額が書いてあれば支給があることになる。

（ご参考） 基金代行部分（月額）　2,841円
※ 基金代行部分は受給予定年金見込額に加算されません。

例：月額 2,841 円 × 12 か月＝年額 3万4,092 円
2020年度のねんきん定期便（50歳以上）を参照する人は、【ステップ 1-2】「公的年金カレンダーをつくる」（P.25）の C 列へ 3.4万円と転記する

なお、ねんきんネットでの試算結果は概算額です。正確な支給額は企業年金連合会のサイト内で確認の依頼ができます（P.43 を参照）。

【ステップ1-2】公的年金カレンダーをつくる

公的年金カレンダーをつくり老後の年金額を見える化しておく

さて、ここまで老後に受け取る公的年金についてみてきました。自分が受け取る年金の種類や見込額、受取開始年齢を把握することができたことと思います。夫婦などの場合は、加給年金や振替加算といった家族手当のような年金もありますから、人それぞれの状況によって受け取る年金額は異なります。

では、いよいよ老後の年金見込額を一覧にまとめて、表で見える化していきましょう。誌面の関係で 90 歳までの計算を行いますが、可能なら 100 歳まで計算しておくと安心です。

● 次ページの表の書き方

◆「名前」欄：単身者は片方のみに記入します。夫婦などの場合は年上のほうを左側に記入し、その年齢を起点に年下のほうを右側に記入します。

◆A列「老齢基礎年金」欄：50歳未満の人は P.15の（A）を転記、50歳以上の人は P.17の①を各年齢に転記します。

◆B列「老齢厚生年金」欄：50歳未満の人は P.15の（B）を転記、50歳以上の人は P.17の②を転記します。いずれも65歳から各年齢に記入します。なお、P.17の③に記載がある人は該当する年齢にも金額を転記します。

◆C列「代行部分」欄：2020年度のねんきん定期便（50歳以上）を参照する人は、P.23「厚生年金基金の基礎代行部分の確認方法」を参考にねんきんネットで確認後、支給がある人は記入します。支給額の表示は月額なので、12を掛けて年額に直します。また、支給開始年齢も間違わないように確認しましょう。

◆D列「加給年金」欄：P.22で該当した人のみ金額を記入します。不明な場合は記入しなくて OK です。

◆E列「振替加算」欄：P.22で該当した人のみ金額を記入します。不明な場合は記入しなくて OK です。

◆「世帯年間合計額」欄：A～E の年間合計額を算出します。夫婦など２人以上の世帯は世帯合計を記入します。ここで計算した合計額は【ステップ 5-2】（P.132、133）のキャッシュフロー表の作成で利用します。

◆「公的年金の受取見込額」欄：A～E の総合計（世帯年間合計額の総合計）を記入します。夫婦などの場合は合算した金額を記入します。

【ステップ 1-2】公的年金カレンダーをつくる

単位：万円（小数点第２位を四捨五入）

名前（　　）	A 老齢基礎年金	B 老齢厚生年金	C 代行部分	D 加給年金	E 振替加算	名前（　　）	A 老齢基礎年金	B 老齢厚生年金	C 代行部分	D 加給年金	E 振替加算	世帯年間合計額
62歳						歳						
63歳						歳						
64歳						歳						
65歳						歳						
66歳						歳						
67歳						歳						
68歳						歳						
69歳						歳						
70歳						歳						
71歳						歳						
72歳						歳						
73歳						歳						
74歳						歳						
75歳						歳						
76歳						歳						
77歳						歳						
78歳						歳						
79歳						歳						
80歳						歳						
81歳						歳						
82歳						歳						
83歳						歳						
84歳						歳						
85歳						歳						
86歳						歳						
87歳						歳						
88歳						歳						
89歳						歳						
90歳						歳						

公的年金の受取見込額

A～E総合計	万円

【ステップ 3-3】（P.67）へ転記↑

【ステップ1-3】

年金を増やす方法を知り、計算する

年齢を問わず自分次第で年金は増やせる

ここまでで、老後に受け取れる公的年金の種類や金額を確認・計算して一覧化しました。50代の人は近い将来ですから、大体のイメージをつかむことができたのではないでしょうか。40代以下の人は、将来の働き方や収入などまだ明確でないこともあり、あまりピンとこないかもしれません。ただしすべての年代の人が共通して押さえておくべきことは「受け取る年金は自分次第で増やすことが可能」だということです。ここまで計算した年金は決して固定化された金額ではありません。

「納め方」で増やす方法

まずは、年金の「納め方」で増やす方法を知っておきましょう。例えば、会社員の場合、厚生年金は高い月給で長く加入するほど老後に受け取る年金が増えます。個人事業主の場合は、60歳以降も任意加入をして受給額を満額に近づけることができますし、事業を法人化して厚生年金に加入し年金を増やす方法もあります。次の表から自分が取り入れることができそうな方法をチェックしてみましょう。

納め方を工夫して年金を増やす

今が自営業・フリーランス・無職など 第1号被保険者	今が会社員・公務員 第2号被保険者	今が専業主婦（夫） ※扶養内で働く主婦（夫）を含む 第3号被保険者
●厚生年金に加入できる仕事に変える ●60～65歳の期間、任意加入する（満額でない場合） ●免除・猶予があれば追納、付加保険料を上乗せ納付する	●60歳以降も厚生年金に加入する ●免除・猶予があれば追納する	●厚生年金に加入できる仕事をする ●60～65歳の期間、任意加入（満額でない場合）、付加保険料を上乗せ納付する ●免除・猶予があれば追納する

「受け取り方」で増やす方法

次は､｢受け取り方」で年金を増やす方法をご紹介します。具体的には受け取る時期をうしろにずらす「繰下げ受給」です。年金の支給開始年齢は原則 65 歳ですが、いつから受け取るかは自由に選択することができます。2022 年 4 月から受給開始年齢が 75 歳まで広がることで誤解している人もいるようですが、受け取る年齢の選択肢が広がるだけで 65 歳支給に変わりはありません。また、何歳から受け取るのが得かという話もよく出てきますが、それは寿命次第です。例えば、70 歳まで受給を繰下げすると年金額は 1.42 倍に増えます。65 歳から受け取って 82 歳直前まで生きれば額面ベースでほぼ等しいので 82 歳以上生きれば繰下げするメリットがあります。ただし寿命は予測できません。年金を繰下げる最大の目的は資産寿命を長持ちさせること。何歳まで生きるかわからない長生きリスクに対して、終身受け取れる公的年金は心強い味方ということです。

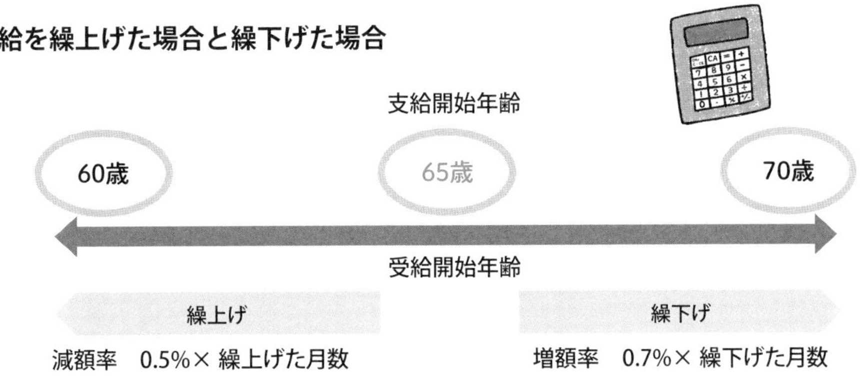

年金を繰下げることで夫や妻などが受け取る年金額がどれくらい増えるか、次ページの【ステップ 1-3】を使って計算してみましょう。年金の繰下げは 66 歳以降 1 か月ずつ行うことができますが、ここでは大まかに 1 年ずらすとどのくらいの金額が増えるのかを確認します。そして、繰下げをする場合は、繰下げた年金額を P.25【ステップ 1-2】の公的年金カレンダーに記入し直しましょう。なお､65 歳から数年間は無年金の期間を過ごすことになりますが、その期間の生活費を iDeCo や企業年金など、ほかの私的年金で賄うことができれば繰下げをしても問題ありません。さらに、P.132､133【ステップ 5-2】で記入する老後のキャッシュフロー表の各年齢時点の貯蓄残高を参照して、何歳から繰下げをすると貯蓄残高を改善できるか確認しておくとさらにいいでしょう。

● 表の書き方

65歳０か月への転記が済んだら、それぞれ右隣の列「66歳０か月」～「70歳０か月」の欄に増額率（小数点第３位を四捨五入済み）を掛けた金額を計算して記入します。単身の場合は、片方のみに記入します。

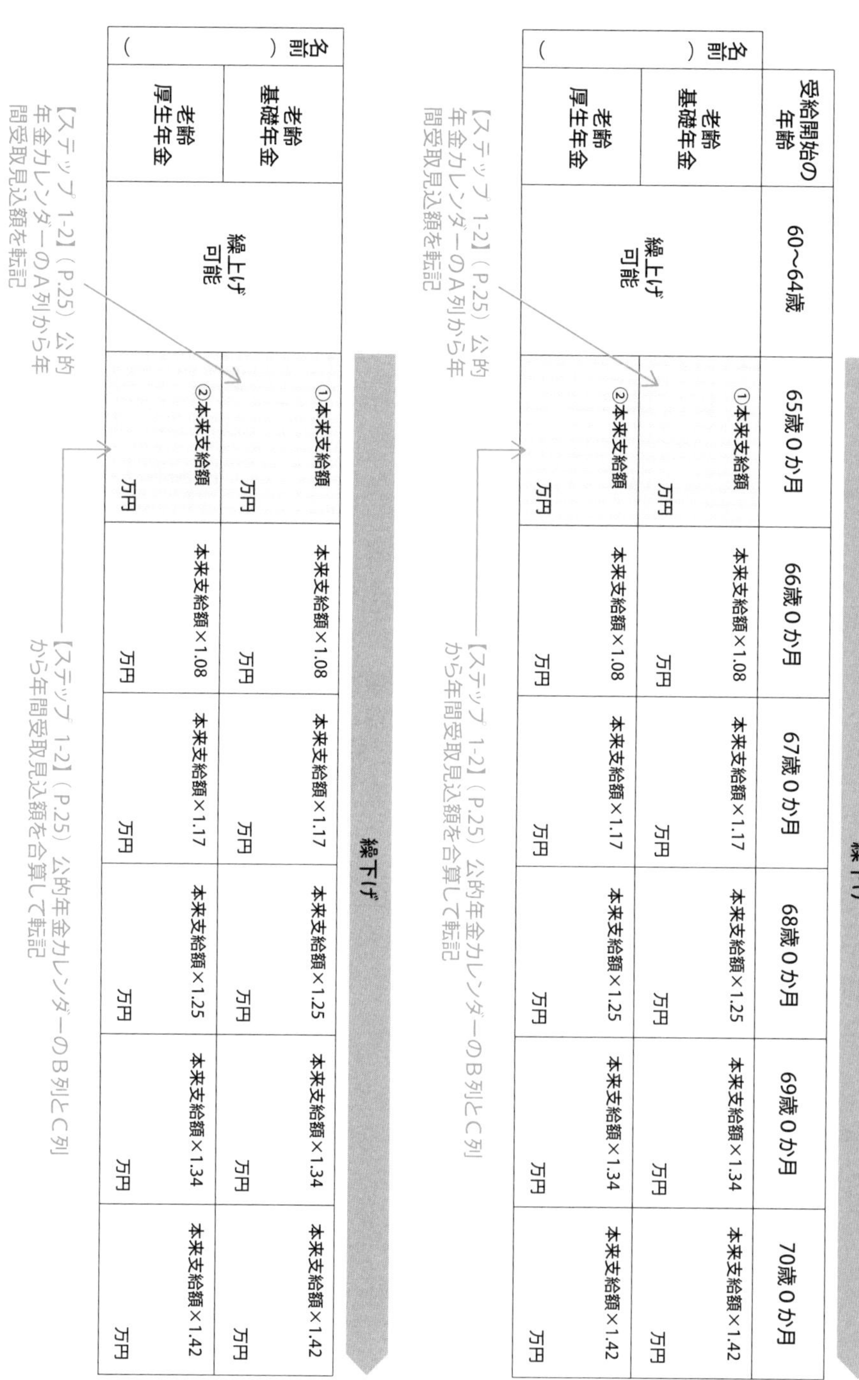

【ステップ1-3】年金繰下げを計算する

受給開始の年齢		60～64歳	65歳０か月	66歳０か月	67歳０か月	68歳０か月	69歳０か月	70歳０か月
			繰下げ					
名前 （　　　）	老齢基礎年金	繰上げ可能	①本来支給額 万円	本来支給額×1.08 万円	本来支給額×1.17 万円	本来支給額×1.25 万円	本来支給額×1.34 万円	本来支給額×1.42 万円
	老齢厚生年金		②本来支給額 万円	本来支給額×1.08 万円	本来支給額×1.17 万円	本来支給額×1.25 万円	本来支給額×1.34 万円	本来支給額×1.42 万円

			繰下げ					
名前 （　　　）	老齢基礎年金	繰上げ可能	①本来支給額 万円	本来支給額×1.08 万円	本来支給額×1.17 万円	本来支給額×1.25 万円	本来支給額×1.34 万円	本来支給額×1.42 万円
	老齢厚生年金		②本来支給額 万円	本来支給額×1.08 万円	本来支給額×1.17 万円	本来支給額×1.25 万円	本来支給額×1.34 万円	本来支給額×1.42 万円

繰下げする時に気をつけるポイント

公的年金は老齢基礎年金と老齢厚生年金の２つがありますが、繰下げについては別々に行うこともできますし、同時でも可能です。ただし注意点もあります。特に夫婦などの場合には、よく考えて繰下げをしないと加給年金や振替加算（P.21参照）を受け取れなくなるといったことも起きてしまいます。具体的には、「加給年金」は世帯主の老齢厚生年金に紐づき、「振替加算」は配偶者の老齢基礎年金に紐づいています。そして、年金を繰下げしている間は紐づいている加給年金や振替加算は支給停止となります。繰下げ後に増額して支給されることはありません。特に、加給年金はそれなりの額になりますから、受け取っておいたほうがお得なケースが多いです。振替加算については、そもそも1966年４月２日以降に生まれた人の場合は支給されません。支給される人の場合でも金額は大きくはないので繰下げへの影響も少ないです。具体的には生年月日が1961年４月２日～1966年４月１日の期間に生まれた人で年間約１万5,000円です。

つまり、繰下げの増額効果を最大限にするには、加給年金に影響がなければよいのです。具体的には世帯主の老齢基礎年金の繰下げです。２人分の繰下げが家計的に厳しいのであれば配偶者の老齢基礎年金を優先して繰下げしてもよいでしょう。配偶者が妻であれば、統計データから考えれば女性のほうが長生きする確率が高いですし、次ページのおひとりさま対策にも有効といえます。

繰下げOKと、繰下げNGのケース

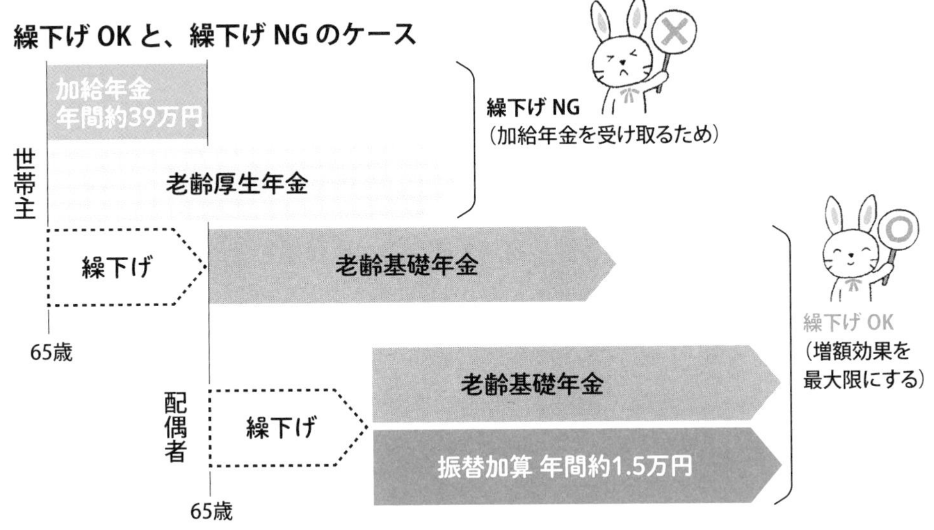

【ステップ1-4】

「おひとりさま」になった時の年金を計算する

今結婚していても、「おひとりさま」の老後を想定しておく

人生 100 年時代といわれるものの、一般的には女性のほうが男性より長生きすることは平均寿命から読み取れます。2019 年発表の平均寿命は男性 81.41 歳、女性 87.45 歳。男女差は約 6 年、結婚している妻は「おひとりさまの老後」を想定しておく必要があります。まず、夫が亡くなれば夫の老齢基礎年金はなくなります。これは夫の働き方とは関係なくすべての人に共通することです。老齢基礎年金の満額は約 78 万円ですから、多くの家計にとって手痛い減額になるでしょう。特に夫がずっと自営業者として働いてきて、老齢厚生年金がない場合はなおさらです。

収入変化のイメージ

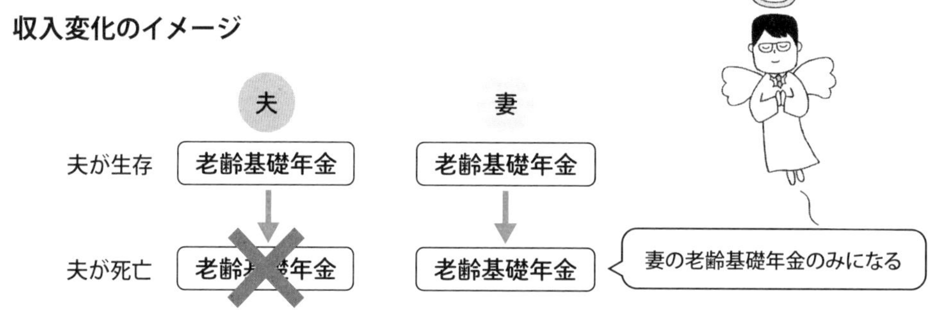

夫に先立たれた時の妻の年金を確認する

次ページで遺族厚生年金を受け取れるかを含めて、夫が亡くなったあとの妻の年金額をチェックします。なお、遺族厚生年金を受け取れる場合、知っておくべきことは 2 つあります。1 つ目は、遺族厚生年金は非課税ですが、妻自身の老齢厚生年金は課税対象になること。2 つ目は、遺族厚生年金の支給権利が発生した場合には妻自身の年金を繰下げできなくなること。繰下げて年金額を増やそうと思っていた場合には、想定外の落とし穴ともいえます。制度なのでどうすることもできませんが、夫の死亡に備えて民間の保険を検討してもいいでしょう。

【ステップ 1-4】夫が亡くなった場合の妻が受け取る公的年金を計算

年金額はすべて年額。老齢厚生年金額は、【ステップ 1-2】（P.25）B 列より転記、老齢基礎年金額は、【ステップ 1-2】A 列より転記。

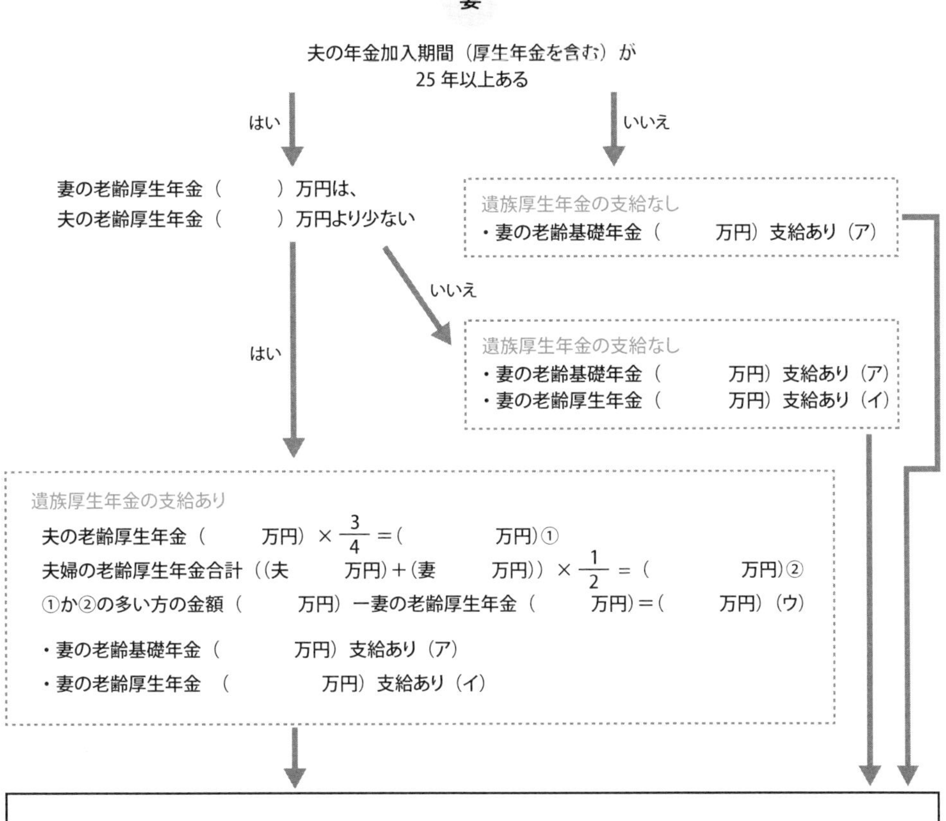

妻の公的年金の年間受取見込額（ア）＋（イ）＋（ウ）	万円

【ステップ 3-3】（P.67）へ転記↑

夫に先立たれた場合、妻が厚生年金へ加入していたかどうかにかかわらず、夫婦２人で受け取っていた年金額から半減してしまうことをイメージできたのではないでしょうか。２人から１人になった場合、食費や光熱費などは減りますが、どれくらい削減できるかはわかりません。また、住居に掛かるお金は、賃貸の場合は引っ越さない限り家賃は下がりませんし、持ち家の管理費や維持費は１人になっても変わりません。以上から、将来の「おひとりさま」期間についても生活設計を想定しておくことはとても重要です。なお、妻が先に亡くなる可能性も当然ながらあります。夫が遺族厚生年金を受け取るには、妻の死亡時に夫が 55 歳以上であることと、60 歳から受給する点が異なるところです。日頃から妻に家事を任せっきりにしている場合などは、家事代行に掛かるお金などを含めた生活設計についても想定しておきましょう。

老後の生活設計に外せないキーワード「ＷＰＰ」とは？

令和という新たな時代に入り、奇しくも新型コロナウイルスの影響によりパラダイムシフト（社会全体の価値観の劇的変化）が加速しています。テレワークが加速する一方で出社が必須の職業もあり、働き方をはじめとして生き方全体を改めて見つめ直している人も多いのではないでしょうか。

また、社会全体でみると少子高齢化で今後の労働力不足は深刻です。これに伴い2021年４月からは、70歳までの就業機会の確保が企業の努力義務になり、2022年４月からは、公的年金の受け取る時期の選択肢が現行の70歳から75歳へ広がります。つまり、いつまで働き、いつから年金を受け取るかを自分で選択することが求められる時代が近づいてきているのです。そんな中で注目されているのが「ＷＰＰ」という考え方です。ＷＰＰとは、次の３つの英単語の頭文字から取った略語です。

Work Longer	できるだけ長く働く
Private Pension	私的年金をつなぎとして受け取る
Public Pension	繰下げで増額した公的年金を終身受け取る

ＷＰＰが伝えたいことは、できるだけ長く働いて、貯蓄や私的年金で無年金期間の生活費をカバーし、公的年金を繰り下げ受給して増額した年金額を終身で受け取ることで老後破綻を防ぎ、老後資産を長持ちさせましょうということです。

この考え方はあくまでも基本で、働くペースを落としながら企業年金やiDeCoを受け取り、できるだけ公的年金を繰り下げて増額する、などアレンジも可能です。正解は一つではありませんし、自分の状況によって方針変更もできます。また、「老後までに数千万円を貯めなければ」といった一つの考え方に固執しなくても、選択肢はさまざまにあることを知っておくことが大切です。

貯めた資産を取り崩していくことで資産が枯渇する不安や、高齢期に認知能力が低下した時に資産管理が難しくなるといった不安に対しても、公的年金であれば定期的に終身受け取れるので一定の対策となります。年金の増額で税金や社会保険料が増すこともありますが、ひとつの考え方として知っておいていただければと思います。

第2章

老後に受け取る退職金と私的年金を把握しましょう

退職給付制度を確認する

□5人に1人は退職金をもらえない
□一時金や年金受け取りなど受け取り方法は制度により異なる
□自分の会社の制度を確認する

退職給付制度の基本的な仕組みを押さえる

第1章では国が運営する公的年金についてみてきました。日本の年金制度は公的年金を土台に、その上乗せとして私的年金があります。第2章ではこの私的年金について詳しくみていきます。私的年金を大別すると、企業が制度を設立・運営し、主に掛金を負担する「企業年金」と、金融機関などが制度を設立・運営し、個人が任意で加入し、掛金を負担する「個人年金」に分かれます。一般的に退職金といわれるものは企業年金制度に含まれないものもあります。本節では、企業年金と退職金などを確認していきます。

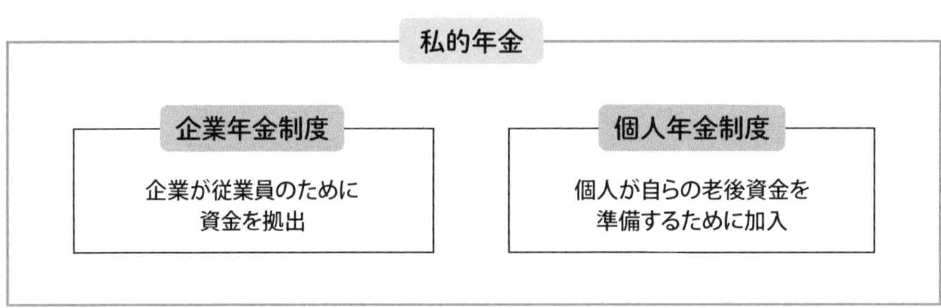

会社員であれば退職金を必ずもらえると思っている人もいるかもしれませんが、実は退職金の支給は会社の義務ではありません。8割以上の会社は退職給付制度を設けていますが、残りの2割、つまり5人に1人は退職金がないことになります。また、支給方法や制度も会社によってさまざまです。

一方、会社規模や業種、勤続年数によっては2,000万円近くの退職給付金を受け取れるケースもあることから考えると、老後の暮らしに与える影響は大きいといえます。まずは退職給付制度の基本的な仕組みについて知っておきましょう。

主な退職給付制度

退職一時金制度	社内積立	企業が社内で積立を行い、社員の退職時に支払う制度
	中小企業退職金共済制度（中退共）	中小企業のための国の退職金制度。企業が中小企業退職金共済事業本部（通称：中退共本部）と契約して掛金を拠出。社員の退職時に中退共から直接支払われる
	特定退職金共済制度（特退共）	中小企業のための退職金制度。国の承認を得て、運営は各地の商工会議所等の特定退職金共済団体（通称：特退共）が行う。企業が掛金を拠出し、社員の退職時に特退共から直接支払われる
企業年金制度	確定給付企業年金	企業が掛金を拠出するしくみ。あらかじめ給付額は確定している。「基金型」と「規約型」がある
	企業型確定拠出年金	企業が掛金を拠出、加入者である社員が商品や割合を決めて運用。運用次第で将来受け取る年金資産が変わる
	厚生年金基金	老齢厚生年金の一部を国に代わって支給して、厚生年金基金独自の上乗せ給付を行う。2014年の法改正により一部を除きほとんどの基金が解散や他制度へ移行

退職給付制度は社員の老後の生活保障を担う役割があります。大きくは上の表のように、一括で受け取る「退職一時金制度」と、年金方式で一定期間や一時金で受け取りを選択できる「企業年金制度」に分けることができます。また、退職一時金制度であっても、年金形式で受け取れるケースもあります。

複数の制度を組み合わせている企業もありますから、この機会にしっかりと自分の勤務先の制度を調べておきましょう。

自分の退職給付制度を確認する

実際にどうやって勤務先の制度を調べたらいいのでしょうか？　調べる方法は以下のようにいろいろあります。確認する際には、次のページのチェックシートを利用してみましょう。自分が該当する制度がわかったら、それぞれの内容について「いつから？」「どのように？」「いくらくらい？」受け取れるのかを調べます。調べた内容は次節の表【ステップ2-1】にまとめていきます。

勤務先の退職金制度の調べ方

- 会社の人事・総務部など担当部署へ問い合わせる
- 就業規則や退職金規程などで調べる
- 福利厚生制度などが書かれている冊子で調べる
- 労働組合に確認する
- 勤務先のイントラネットに掲載されているか調べる

勤務先の退職給付制度を確認するチェックシート

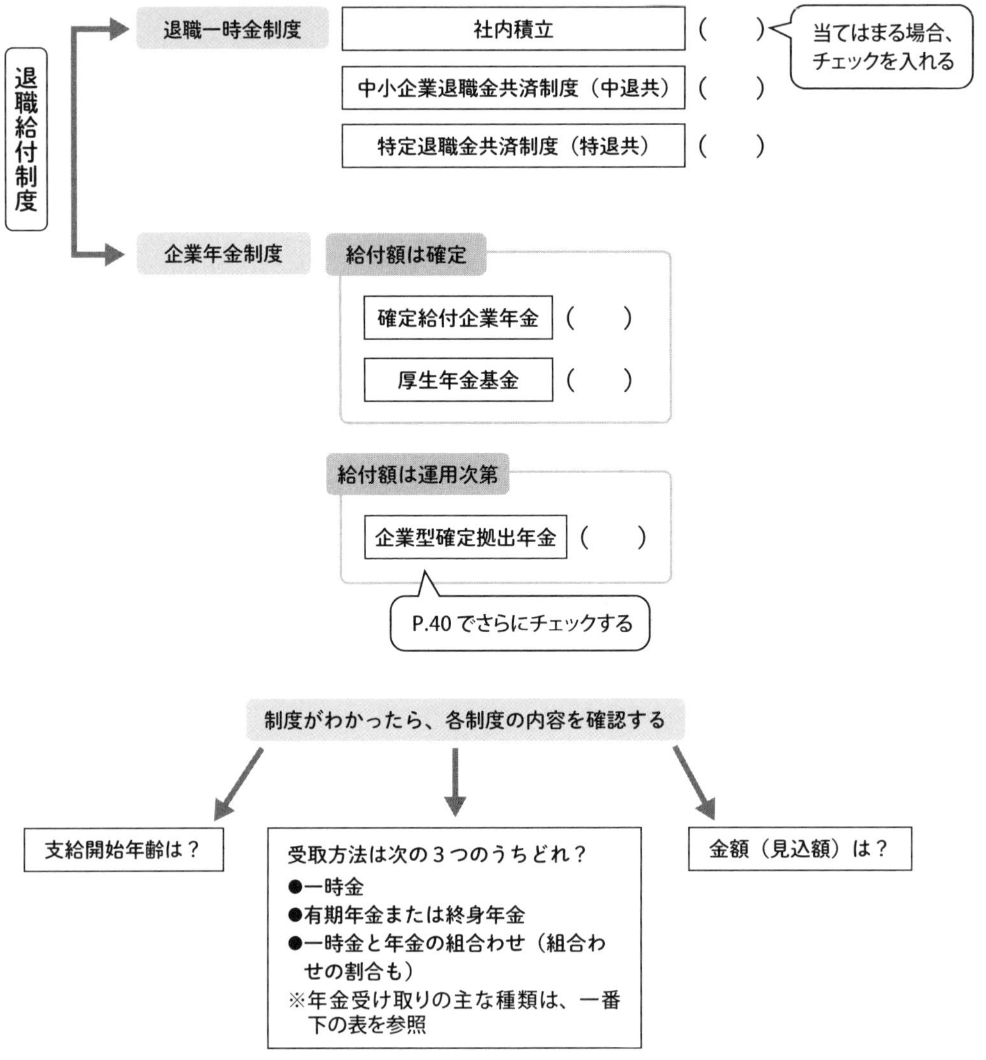

〈資料〉年金受け取りの主な種類

有期年金	確定年金	一定期間中、本人の生死にかかわらず年金が支払われる
	有期年金	一定期間中、本人が生存している限り年金が支払われる
	保証期間あり	一定期間中、本人が生存している限り年金が支払われる。 ただし、保証期間中は本人の死亡後は遺族に年金が支払われる
終身年金	終身年金	本人が生存している限り年金が支払われる
	保証期間あり	本人が生存している限り年金が支払われる。 ただし、保証期間中は本人の死亡後は遺族に年金が支払われる

退職金は必ず退職時に受け取るものと思っているかも知れませんが、そうとは限りません。例えば、基金型の確定給付企業年金の場合は、ルールで「一定の勤務期間があれば60歳あるいは公的年金を受け取る年齢で退職金を受け取れる」と定められていれば、65歳まで勤めていても退職金を受け取れます。

また、企業型確定拠出年金は、60～70歳の間で、自分で受け取り開始時期を選ぶことができる仕組みのため「いつから？」「どのように？」受け取るかを自分でしっかりと考えておきましょう。なお、定年前の離職や退職も当然ながら起こり得ますが、その場合は以下の2つについては最低でも押さえておきたいところです。

退職金の持ち運び（ポータビリティ）については、P.44で詳しく見ていきます。

定年前の離職や退職に備えて確認しておくこと

1．今すぐ退職したら退職金はいくらくらい受け取れるのか？
2．離職・転職をした場合、持ち運び（ポータビリティ）はあるか？

退職時は銀行員にご注意を

退職金などの大きな金額が銀行口座に振り込まれると、銀行から電話が掛かってくることがあります。「ぜひ一度ご挨拶したい」などと言われ気をよくして店舗に出向いてしまうと、言い方は悪いですが「絶好のカモ」にされます。退職金運用プランを勧められたら、さらに要注意です。これは円預金と投資信託のセット商品で、円預金は7％といった通常では考えられない金利ですが、3か月定期などの条件があり、その後は通常の金利に戻ります。一方の投資信託には手数料が発生します。

例えば、退職金1,000万円を半分ずつ退職金運用プランで申し込んだ場合、500万円を金利7％の3か月定期にすると8万7,500円の利息が付きますが、その後は金利0.01％となり年間500円の利息にしかなりません。また、500万円の投資信託で購入時に販売手数料が3％掛かる場合、15万円にもなります。この時点で6万2,500円の赤字です。投資信託は運用時にも手数料が掛かるので、手数料が2％など高い場合は、よほど運用成果がよくないと残念なことになりかねません。

銀行員は販売のプロであり、運用のプロではありません。その点を理解していないと大きな失敗の原因になり得ることを知っておきましょう。

【ステップ2-1】

自分の退職金などをまとめる

複数の退職給付制度を一覧化する

前節の「勤務先の退職給付制度を確認するチェックシート」を元に、次ページの表【ステップ 2-1】に受け取り予定の各退職金の給付内容を記入します。

● 次ページの表の書き方

◆①「名義」欄：夫や妻など誰の退職金か記入します。

◆②「受給時期」欄：退職一時金を受け取る年齢を記入します。

◆③「受取見込額」欄：退職一時金の受給見込額を記入します。

◆「メモ」欄：複数の退職金がある場合、種類を記入しておきましょう。（例：中退共、特退共）

◆④「種類」欄：確定給付企業年金や、企業型確定拠出年金など制度の種類を記入します。

◆⑤「受取方法」欄：企業年金の受取方法を記入します。「年金」「併用」「一時金」の中から選択可能な受取方法に、すべてマルをつけておきます。

◆⑥「年金の受取期間」、⑦「受取開始年齢」欄：上段は、制度上の受取期間や受取開始年齢を記入します。下段は、自分が選択する受取期間、年齢を記入します。決まっていなければ、一時金受け取りにしておきます。一時金受け取りがない場合は、60歳から５年間など制度上で選べる受取期間を記入しておきましょう。

◆⑧「受取見込額」欄：上段は、一時金や年間の年金額を記入します。詳しくわからない時には一時金の記入だけでも大丈夫です。下段は、自分が受け取る方法の金額を記入します。例えば、年金受取で「10年間（70万円／年）」の場合、700万円と記入します。記入が終わったら、退職一時金と企業年金の合計額（ア）＋（イ）も計算して記入しましょう。

◆⑨～⑬欄：在職時に死亡した場合、勤務先や共済会、労働組合などから支給される弔慰金や死亡退職金などについて記入しましょう。のちほど民間の保険で備える必要保障額を計算する時に使うので、退職金制度を調べる時に併せてこれらも調べておきます。合計額を計算して共働き世帯は各人の合計額を（ウ）と（エ）に記入し、それ以外の人は（エ）に記入します。

【ステップ 2-1】受け取り予定の退職金などを記入

退職一時金

①名義	②受給時期	③受取見込額	メモ
		万円	
		万円	
退職一時金の受取見込額の合計		(ア)　万円	

企業年金

①名義	④種類	⑤受取方法	⑥年金の受取期間	⑦受取開始年齢	⑧受取見込額
		年金・併用・一時金			万円
		年金・併用・一時金			万円
		年金・併用・一時金			万円
		年金・併用・一時金			万円
企業年金の受取見込額の合計					(イ)　**万円**

退職一時金と企業年金の受取見込額の合計
(ア)＋(イ)　万円

↑【ステップ 2-3】(P.49) へ転記

弔慰金・死亡退職金など

⑨名義 / 支給元	⑩制度	⑪受取方法	⑫期間	⑬金額
				万円
				万円
				万円
				万円

(名義：　　　) 弔慰金・死亡退職金など⑬の合計	(名義：　　　) 弔慰金・死亡退職金など⑬の合計
(ウ)　万円	(エ)　万円

【ステップ 4-2】(P.91) の「企業内保障」へ転記

企業型確定拠出年金の加入者が確認しておくこと

- □「マッチング拠出」があるか確認する
- □会社が出す掛け金を確認する
- □自分が上乗せできる金額を確認する

「マッチング拠出」が導入されているか確認する

企業型確定拠出年金は、会社が掛金を負担する仕組みですが、従業員自身が掛金を上乗せできるケースがあります。これを「マッチング拠出」といいます。2018年度末でマッチング拠出の導入率は30.7％と、約3社に1社の割合で導入されています。

マッチング拠出があるか確認する

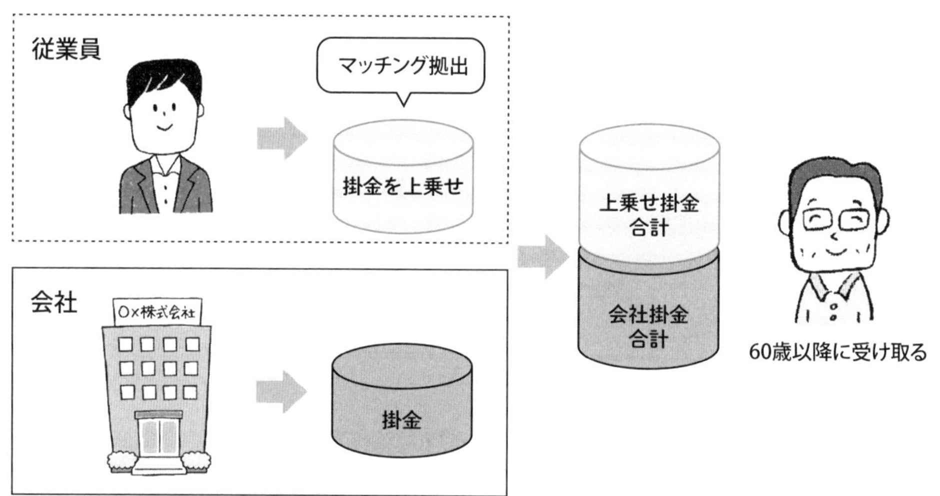

自分がマッチング拠出を利用できるのか？　次の4つのポイントを確認しましょう。

マッチング拠出の確認ポイント

〈ポイント1〉会社が出す掛金はいくらか？
〈ポイント2〉マッチング拠出が可能か？
〈ポイント3〉マッチング拠出が可能なら上限額はいくらか？
〈ポイント4〉マッチング拠出が可能なら申込期間はいつか？

まずは、会社が出す掛金を確認すること。マッチング拠出が可能な場合、自分が出せる掛金には上限があります。その上限は会社掛金と同額まで、かつ合計で拠出限度額までです。

企業型確定拠出年金のみを実施している場合の掛金の目安

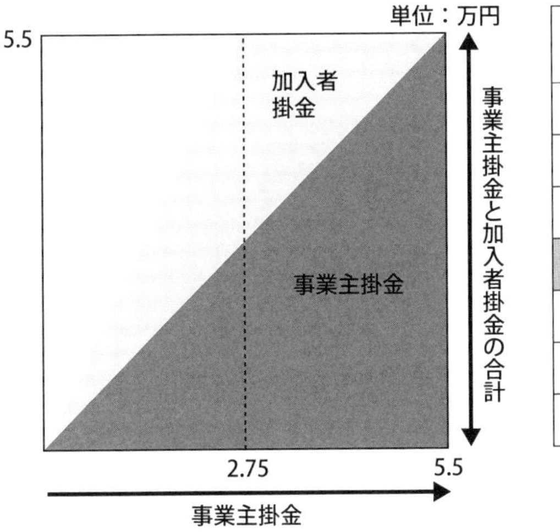

会社掛金額（事業主掛金）	本人掛金額（加入者掛金）
5,000円	5,000円以下
10,000円	10,000円以下
20,000円	20,000円以下
27,500円	27,500円以下
30,000円	25,000円以下
40,000円	15,000円以下
50,000円	5,000円以下

マッチング拠出できる金額

上の図表は、退職給付制度が企業型確定拠出年金のみのケースです。拠出限度額は会社と本人の掛金のトータルが月額5万5,000円までと決まっています。会社の掛金に対して、自分が上乗せできる金額を確認しましょう。なお、確定給付年金などほかの企業年金がある場合には月額の拠出限度額の合計は27,500円になります。マッチング拠出については年に1回などと申込時期が決まっていて、その時期でないと手続きができません。担当部署へ申込時期を確認しておきましょう。

マッチング拠出は利用したほうがいいの？

実際に、マッチング拠出が導入されていることがわかった場合、申し込みをしたほうがいいのでしょうか？　判断する際のメリットとデメリットを次に挙げておきます。

- 上乗せした掛金は全額が所得控除になるので、節税できる
- 運用中に出た収益は非課税なので、収益をすべて受け取れる
- 拠出や運用に掛かる費用は会社負担のため、個人型（iDeCo）と比べて固定費を抑えられる

- 途中で掛金を払い戻すことができない
- 拠出できる金額に上限があるため、掛金が少ないケースもある
- 掛金額の変更は1年に1回しかできない

このようにデメリットはありますが、適切な掛金にしておけば一定のメリットもあるので利用できる人は前向きにマッチング拠出を検討しましょう。

こんな場合はどうすればいいの? Q & A

Q　退職金前払いと確定拠出年金、どちらを選べばいいのでしょうか?　年に一回「確定拠出年金と退職金前払いの選択割合」について会社からアナウンスがくるのですが、よくわからずそのまま何もしていません。

A　企業型確定拠出年金には「選択制DC」と呼ばれる制度があります。この制度では、会社が掛金を全額負担します。その上で、掛金の使い途を「確定拠出年金の掛金」とするのか「掛金として拠出する代わりに毎月の給与に上乗せして退職金(年金)の前払いとして受け取る」のか、従業員自らの意思で選択する仕組みになります。

選択制ＤＣの仕組み

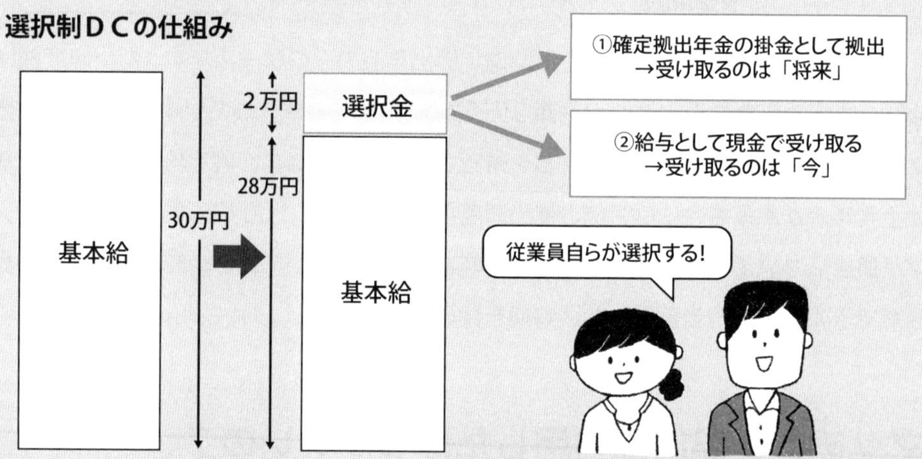

実際には、上図の「選択金」の中で掛け金と給与の割合を変えた複数の選択肢が用意されています。どちらを選択したほうがいいかは一長一短があるのでよく考えましょう。

例えば、給与として受け取れば税金と社会保険料が差し引かれるので手取り額が減ってしまいます。しかし、確定拠出年金に拠出すれば全額を運用に回すことができるのでお得といえます。ただし、確定拠出年金は途中で引き出すことはできません。

また、掛金は給与から引かれるため、社会保障の給付（将来の老齢厚生年金や健康保険の出産手当金、雇用保険の失業・出産・介護の給付）にマイナスの影響もあります。

双方のメリットとデメリットを確認して比較検討することをお勧めします。

転職や定年前の退職で注意すること

- □企業年金のもらい忘れに注意する
- □持ち運びできる退職金か確認する
- □企業型確定拠出年金の移し忘れに注意する

転職歴がある人は企業年金のもらい忘れに注意。受給額も把握しておく

過去の転退職で加入していた企業年金を脱退した人は、企業年金連合会に年金の原資が移換されている可能性があります。企業年金連合会とは、企業年金や厚生年金基金などがある企業を短期間で退職した人の年金給付を行っている組織です。転職歴がある場合、まずは企業年金連合会に記録があるか確認を行い、最終的には受給見込額も把握しておきましょう。

◆企業年金連合会のホームページから年金記録を確認する方法

企業年金連合会のホームページ
https://www.pfa.or.jp/otoiawase/service/index.html

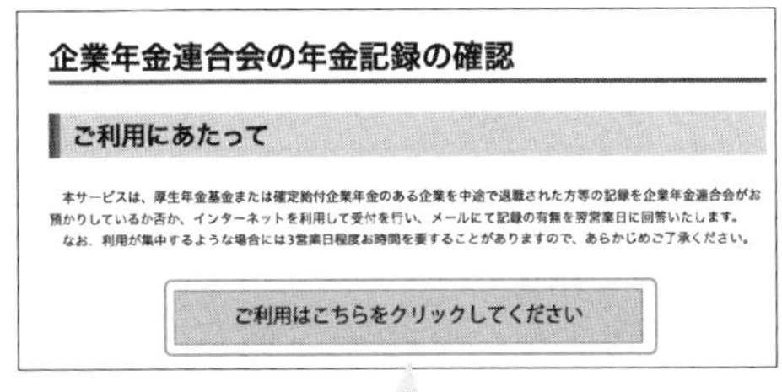

企業年金連合会の年金記録の確認

ご利用にあたって

本サービスは、厚生年金基金または確定給付企業年金のある企業を中途で退職された方等の記録を企業年金連合会がお預かりしているか否か、インターネットを利用して受付を行い、メールにて記録の有無を翌営業日に回答いたします。

なお、利用が集中するような場合には3営業日程度お時間を要することがありますので、あらかじめご了承ください。

ご利用はこちらをクリックしてください

❶企業年金連合会ホームページにアクセスして、ここをクリック

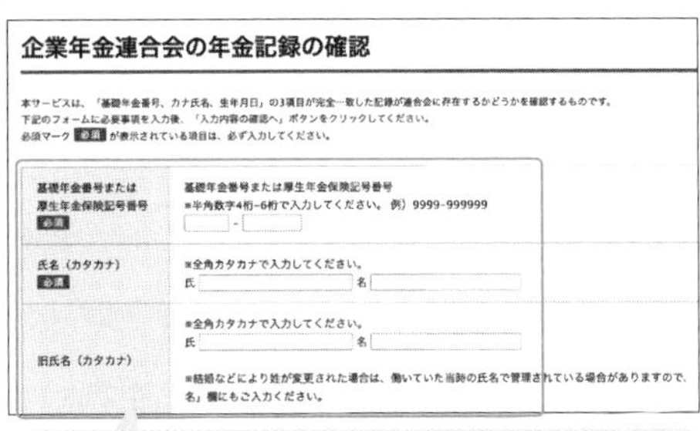

企業年金連合会の年金記録の確認

本サービスは、「基礎年金番号、カナ氏名、生年月日」の3項目が完全一致した記録が連合会に存在するかどうかを確認するものです。
下記のフォームに必要事項を入力後、「入力内容の確認へ」ボタンをクリックしてください。
必須マーク 必須 が表示されている項目は、必ず入力してください。

基礎年金番号または厚生年金保険記号番号 必須	基礎年金番号または厚生年金保険記号番号 ※半角数字4桁-6桁で入力してください。例）9999-999999 ［　］-［　］
氏名（カタカナ） 必須	※全角カタカナで入力してください。 氏［　］ 名［　］
旧氏名（カタカナ）	※全角カタカナで入力してください。 氏［　］ 名［　］ ※結婚などにより姓が変更された場合は、働いていた当時の氏名で管理されている場合がありますので、名」欄にもご入力ください。

❷年金手帳を用意して、基礎年金番号などを入力し、送信する

❸数日以内に登録したメールアドレスに、年金記録の有無について回答が届く

ホームページのフォームに入力して送信後、登録したメールアドレス宛てに「企業年金連合会の年金記録の確認受付完了」の件名で、記録の有無を確認する旨のメール

が送られてきます。数日以内に別途メールが届き、「一致する記録の有無について」回答があります。詳細記録については別途依頼が必要です。電話、ホームページ上のフォーム、または文書で依頼すると10日程度で年金額が記載された通知書が郵送されてきます。面倒ではありますが、作業は簡単です。一生涯受け取れる年金ですからもらい忘れがないように確認し、P.39の【ステップ2-1】企業年金の欄に記入します。

30・40代の転職で注意すること

退職給付制度があれば転職する時にも退職金は支払われます。勤続年数が10年や20年になり30代や40代で退職する場合には、それなりにまとまった金額になる人もいるでしょう。その時に一番重要なことは退職金には「手を付けない」ことです。そもそも退職金の役割は老後の生活保障ですから、原則はしっかりと老後資金として増やしていきたいところです。なお、退職金制度の中には「持ち運びができる（ポータビリティ）」タイプの退職金があります。具体的には、企業年金制度の「確定給付企業年金」「企業型確定拠出年金」「厚生年金基金」が当てはまります。持ち運ぶ際の選択肢は主に次の3択になります。

退職金を持ち運ぶ際の選択肢

1．元の会社の企業年金制度に据え置いて、年金または一時金で受け取る
2．企業年金連合会に預けて65歳から通算企業年金※として受け取る。ただし、企業型確定拠出年金→企業年金連合会へは移せない
3．確定拠出年金（企業型または個人型）に移して自分で運用する

※**通算企業年金**：企業年金連合会が支給する保障期間付きの終身年金。

1の元の会社に据え置く場合には、勤続年数20年以上などの条件があります。据え置きを検討する場合には据え置き期間の金利や受取方法、支給開始年齢などをしっかりと把握しておくことです。いずれにしてもどうするかについては転職時に案内がありますので、自分で申請の手続きを行います。ついつい転職後の生活に気が向いてしまいがちですが、将来受け取る年金を増やすためにも十分に検討をして決めましょう。なお、企業年金制度には当てはまりませんが、中小企業退職金共済制度や特定退職金共済制度に加入している会社間を転職した場合にも、退職金を引き継ぐことができます。ただし、中小企業退職金共済制度と特定退職金共済制度の引き継ぎは、両者間で退職金引渡契約を結んでいる場合に限るため確認が必須です。

60歳前の退職は、企業型確定拠出年金を移す手続きを忘れずに

企業型確定拠出年金に加入している場合、60歳前の転職や退職には注意が必要です。なぜなら、企業型確定拠出年金は60歳より前に解約してお金を引き出すことができないからです。必ず資産をいったん売却の上、現金化して移す手続きが必須になります。以下のチャートで移す先を確認しておきましょう。

企業型確定拠出年金をどこに移す？

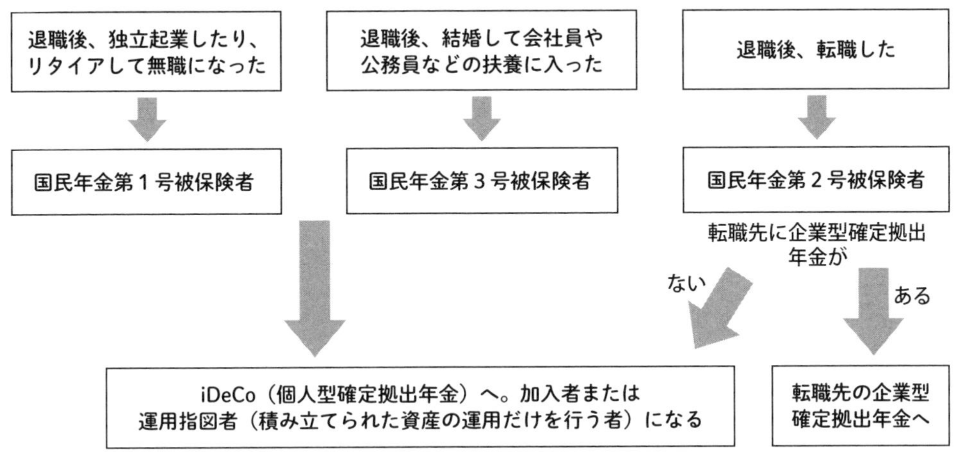

iDeCoへ移す場合は、可能な限り掛金を払い続ける加入者になって資産を増やしていきましょう。なお、企業型確定拠出年金から移す時には、退職から6か月以内に手続きが必須です。6か月を超えると自動的に国民年金基金に資産が移され、余計な手間や手数料が掛かってしまいます。放置しないで必ず手続きを行いましょう。

自動移換はデメリットのみ

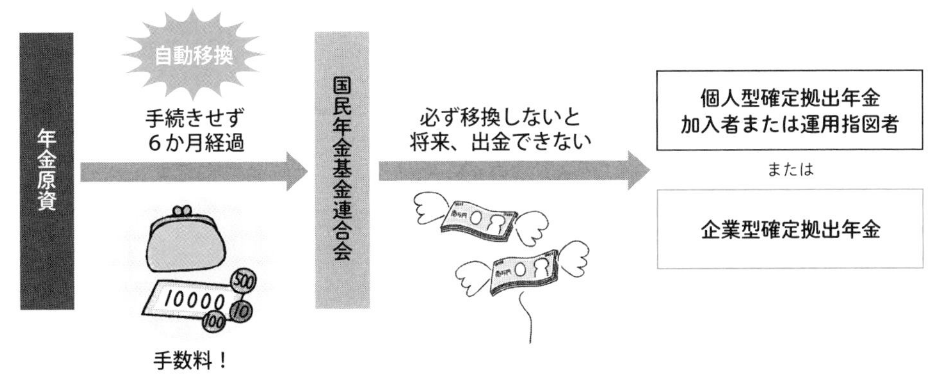

【ステップ2-2】

個人年金の受取見込額をまとめる

任意で加入している個人年金を確認する

前節までは、私的年金の中でも企業年金を中心とした退職給付制度について確認を行ってきました。私的年金は大別して企業年金と個人年金に分けられるとお伝えしましたが、ここでは個人年金について確認します。個人年金には、国が行う制度のiDeCoや国民年金基金のほかに、生命保険会社などが扱う個人年金保険、銀行や証券会社、信託銀行、労働金庫などが扱う個人年金・財形年金などがあります。なお、個人事業主などが加入する小規模企業共済は退職金制度といわれていますが、個人の自由意志で加入する制度であることから本書では個人年金として扱います。

個人年金はまとまった金額になり、公的年金、企業年金の補完として「第三の年金」と呼ばれる大事な老後の収入源です。さっそく次ページの表【ステップ2-2】に、個人年金の受取見込額を書き入れていきましょう。

● 次ページの表の書き方

◆①「名義」欄：夫や妻など誰の年金か名義を書き入れます。

◆②「種類」欄：「小規模企業共済」「国民年金基金」「財形年金貯蓄」「iDeCo」などを書き入れます。「個人年金保険」「終身保険」など同じ保険商品が複数ある時は、あとでわかるように保険会社や商品名なども書いておくといいでしょう。

◆③「受取方法」欄：「一括」「分割」「一括と分割の併用」など、あとで見た時にわかるように書いておきます。

◆④「年金受取期間」欄：「分割」「一括と分割の併用」で、分割受け取りが可能な時は「5年」「10年」「15年」などと可能な受取期間を記入します。

◆⑤「受給開始年齢」欄：受取開始年齢を記入します。決まってない場合にはリタイア予定の年齢を書いておきましょう。

◆⑥「受取見込額（年間）」、⑦「受取見込額（合計）」欄：分割受け取りの場合は受取見込額（年間）を記入し、受取年数から受取見込額を算出して記入します。受取見込額（合計）は、「④年金受取期間×⑥受取見込額（年額）」を計算します。終身受け取りは、90歳までの年数にします。例えば「65歳から年間60万円／確定10年」の契約であれば合計600万円となります。iDeCoなど受取見込額が運用の結果次第で確定していない場合、下の「iDeCoの積立額から将来の受取見込額を予測する」を参照して、想定利回り１～３％で計算してみましょう。よくわからない場合は、元本だけの合計を記入します。

【ステップ 2-2】個人年金の受取見込額を計算

①名義	②種類	③受取方法	④年金受取期間	⑤受取開始年齢	⑥受取見込額（年間）	⑦受取見込額（合計）④×⑥
					万円	万円
					万円	万円
					万円	万円
					万円	万円
					万円	万円
					万円	万円
					万円	万円
個人年金の受取見込額の合計						（ウ）万円

↑【ステップ 2-3】（P.49）と【ステップ 4-2】（P.91）「個人年金」へ転記

iDeCoの積立額から将来の受取見込額を予測する

毎月１万円（年間12万円）積立ると将来いくらになる？

想定利回り（年率）	積立年数				
	5年	10年	15年	20年	25年
1.0%	61万4,990円	126万1,499円	194万1,140円	265万5,612円	340万6,701円
2.0%	63万474円	132万7,197円	209万7,131円	294万7,968円	388万8,211円
3.0%	64万6,467円	139万7,414円	226万9,727円	328万3,020円	446万78円

出典：金融庁「資産運用シミュレーション」を元に筆者作成。

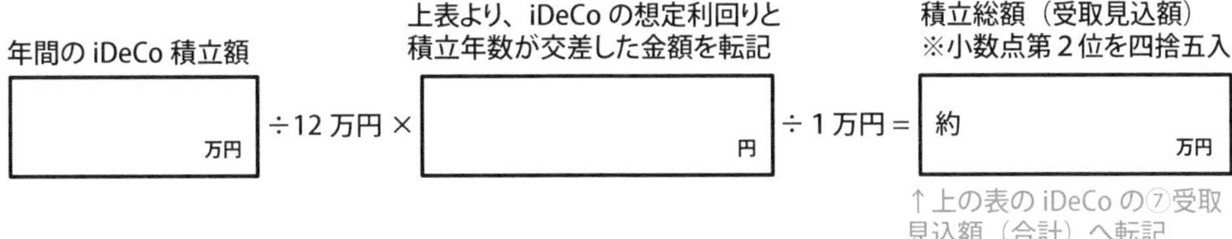

※計算結果はあくまでも目安です。必ずしも試算した運用利回りが保証されるものではありませんので、ご注意ください。

【ステップ2-3】

退職金・私的年金カレンダーをつくる

退職金と私的年金の受取額を一覧化する

ここまでの第2章では、退職給付金と私的年金がどのくらい受け取れるかを確認してきました。退職給付金には私的年金の中に企業年金が含まれますが、企業年金以外の会社積立ての退職一時金や中小企業退職金共済制度なども退職給付金であることから、これらをまとめて「退職給付金」とします。

前節で個人の自由意志で加入する個人年金を確認したので、本節では企業年金を含む退職給付金と個人年金を年齢ごとに記入します。

「いつから」「どのくらい」受け取るのかを次ページの表【ステップ2-3】にまとめます。ざっくりでもいいので、60歳以降に受け取るお金を整理することで、公的年金以外のお金の流れをイメージしましょう。

● 次ページの表の書き方

◆①「名前」欄：単身者は片方のみに記入します。夫婦などの場合は年上のほうを左側に記入し、その年齢を起点に年下のほうを右側に記入します。

◆②「退職金・私的年金の種類」欄：具体的な制度名のほか、金融商品は商品名や販売会社名なども記入します。

◆③「合計額」欄：年間ごとに全員分を合計します。

◆④「手取額（③の85%）」欄：③の合計額に0.85を掛けた金額を記入します。この計算は税金や社会保険料を15%と想定して手取額を出すために行います。
なお、退職給付制度の「退職一時金」「確定給付企業年金」「企業型確定拠出年金」や、個人年金の「小規模企業共済」「iDeCo」などを一括で受け取る時には、0.85は掛けないので注意してください。例えば、同じ年に「退職一時金500万円」と「企業年金60万円（年金受取）」を受け取る場合では、手取額は551万円（退職一時金500万円、企業年金51万円）になります。のちほどP.126で退職金に掛かる税金については詳しく説明をします。ここで計算した手取額は、【ステップ5-2】（P.132）のキャッシュフロー表の作成で使用します。

◆「退職金・私的年金の合計額」欄：【ステップ2-1】（P.39）、【ステップ2-2】（P.47）でそれぞれ算出した金額を合計したものを記入します。

【ステップ 2-3】退職金・私的年金カレンダーを記入

①名前（　　）	②退職金・私的年金の種類（退職一時金、確定給付、企業型確定拠出、小規模企業共済、iDeCo など）					①名前（　　）	②退職金・私的年金の種類（退職一時金、確定給付、企業型確定拠出、小規模企業共済、iDeCo など）					③合計額 ※年間ごとに全員分を合計	④手取額（③の85%）※一括の場合は③のまま
60歳						歳							
61歳						歳							
62歳						歳							
63歳						歳							
64歳						歳							
65歳						歳							
66歳						歳							
67歳						歳							
68歳						歳							
69歳						歳							
70歳						歳							
71歳						歳							
72歳						歳							
73歳						歳							
74歳						歳							
75歳						歳							
76歳						歳							
77歳						歳							
78歳						歳							
79歳						歳							
80歳						歳							
81歳						歳							
82歳						歳							
83歳						歳							
84歳						歳							
85歳						歳							
86歳						歳							
87歳						歳							
88歳						歳							
89歳						歳							
90歳						歳							

【ステップ 5-2】↑（P.132）に転記

退職金・私的年金の合計額

【ステップ 2-1】（P.39）（ア）＋（イ）、【ステップ 2-2】（P.47）（ウ）の合計額を転記

万円

【ステップ 3-3】（P.67）へ転記↑

こんな場合はどうすればいいの？Q＆A

Q　死亡した場合、退職金の扱いはどうなるの？

A　在職中に亡くなった場合は、会社の規程により死亡退職金や弔慰金が支払われます。支給額については勤務先のルールによりますので、就業規則や退職金規程を調べておきましょう。確定拠出年金の場合は企業型と個人型がありますが、どちらの場合も死亡一時金として遺族が受け取ります。

また、中小企業退職金共済では、死亡した日を退職年月日として遺族に退職金を、個人事業主が加入する小規模企業共済については、遺族に死亡退職金が支給されます。在職中に亡くなると遺族に一括で支給されることになり、「みなし相続財産」として相続税の対象になるのでご注意ください。

では、企業年金など分割で受け取っていた人が、途中で亡くなった場合はどうなるのでしょうか？　これは各制度によって扱いが異なります。企業年金など会社の退職金制度については、各企業年金によって対応はさまざまです。

一番わかりやすいのは、本人が保証期間付きの受取方法を選択していたケースです。例えば、終身年金（15年保証）であれば15年から受取済み期間をマイナスした期間について年金あるいは一時給付金として支給されます。会社によっては一時金として支給されるなど対応が分かれますので、会社のルールをよく確認しておきましょう。

在職中または受給中に死亡した時の退職金・企業年金は？

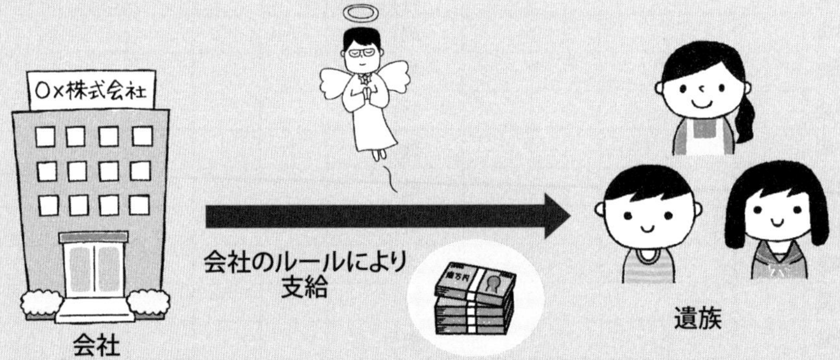

第3章

老後にいくら必要なのか確認し、足りない金額を把握しましょう

老後の生活に掛かるお金を知る

- □老後の生活費をイメージしておく
- □ゆとりある老後には上乗せでお金が必要
- □必要な老後資金は自分で準備する

老後の生活費はどのくらい掛かるの？

老後の生活費といわれてもなかなかイメージしづらいことでしょう。総務省が発表した2019年の「家計調査報告」の平均データを見てみましょう。次の表は、標準的な高齢無職世帯の夫婦２人（夫65歳以上、妻60歳以上）と単身者（60歳以上）の月の平均生活費の支出内訳です。支出項目の金額は、イメージしやすいように千円未満を四捨五入しています。

高齢者無職世帯の平均生活費

支出項目	月平均生活費	
	夫婦（夫65歳以上、妻60歳以上）	単身（60歳以上）
食料費	6万6,000円	3万6,000円
住居費	1万4,000円	1万3,000円
光熱・水道費	2万円	1万3,000円
家具・家事用品	1万円	6,000円
被服・履物	6,000円	4,000円
保健医療費	1万6,000円	8,000円
交通・通信費	2万8,000円	1万3,000円
教養娯楽費	2万5,000円	1万7,000円
交際費	2万6,000円	1万5,000円
その他支出	2万9,000円	1万5,000円
合計（月額）	24万円	14万円
合計（年額）	288万円	168万円

出典：総務省家計調査年報（家計収支編）2019年（令和元年）家計の概要を元に筆者作成。

この家計調査報告にある平均生活費は、「生活費」と「特別費」が含まれた金額です。生活費とは、食費や光熱費、家賃、住宅ローンなど生活している中で必ず出て行くお金のこと。一方の特別費とは、数年あるいは不定期に発生し、しかも支出額が大きいお金のことです。例えば、住宅のリフォームなどは高額ですが、持ち家でない世帯もあるため各世帯で支出額は大きく異なります。前ページの表の「住居費」を参照すると、夫婦で月1万4,000円あるいは単身者で月1万3,000円の支出となっていますが、家賃であればこの金額ではまったく足りません。持ち家や自分のマンションであっても毎月の管理費以外に将来住宅リフォームを考えているとしたらこの金額ではまったく足りません。住宅リフォームを行うと100万円単位のお金が掛かることも想定されるため、生活費とは分けて特別費として備える必要があります。

なお、これらの平均生活費の範囲内で生活していたとしても、毎月の家計収支は夫婦・単身いずれの世帯でも赤字だということも覚えておきたいところです。ただし、これはあくまでも平均データで、実際には自分の家計で確認を行う必要があります。次節以降の【ステップ3-1】と【ステップ3-2-1】で老後の生活費と特別費を見積もってみましょう。

ゆとりある生活には平均14万円の上乗せが必要!?

生命保険文化センターが行った意識調査では、さらに一歩踏み込み「ゆとりある生活」を送るには最低限の生活費のほかに夫婦2人で月平均14万円が必要という結果があります。先ほどの家計調査報告では、老後の暮らしに最低限必要な生活費は月に平均24万円ですから、合計すると月38万円の生活費になります。単身者では半分の月7万円と見積もると月21万円です。

「ゆとりある生活」の使途は上から順に「旅行やレジャー」「趣味や教養」「生活費の充実」と続いています。たしかに暮らしに潤いがあれば豊かな気持ちになれますが、ゆとりある生活への価値観はまさに人それぞれです。また、時代が進む中で、昨今ものやサービスは確実に豊かになっています。インターネットの台頭で情報化とテクノロジーが進むことにより、今の現役世代の老後の暮らしが激変することは何となく想像できます。社会が変化する中で暮らす私たちに大切なことは、自分の価値観を明確にすること、夫婦などの場合はお互いの価値観のすり合わせをしておくことです。また、少し先の将来を想像する力も持ちたいものです。

老後の暮らしにはいくら必要？

老後の暮らしに必要なお金は、次の図をイメージするとわかりやすいでしょう。支出となる生活費と特別費の合計金額から、老後の収入となる公的年金や退職金、私的年金などの合計を引くと、老後の暮らしに足りないお金がわかります。この足りない老後資金は、仕事をリタイアする前に自分で準備する必要があるのです。

なお、老後になっても子どもの教育費や車のローンなどが残っていると支出はその分だけ増えるので、事前に準備する金額も増えることになります。また、働き続けて老後期間が短くなれば足りないお金を減らすことができます。

老後の暮らしで足りない老後資金のイメージ

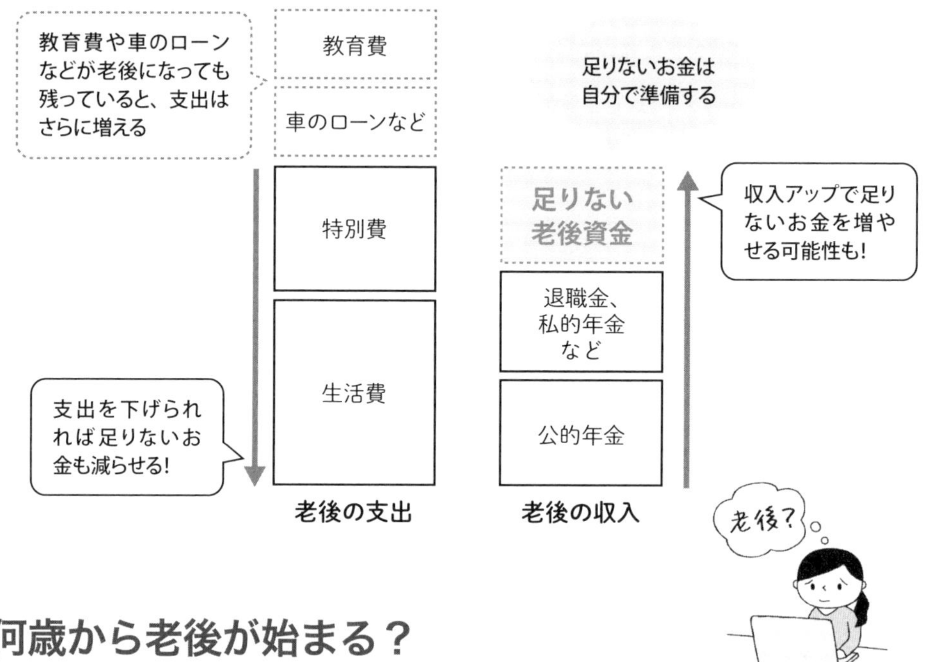

何歳から老後が始まる？

仕事をリタイアする年齢は「60歳」や「65歳」など会社の定年制度や各人のライフプランによってさまざまかと思います。「ここまで働く！」と決めている人以外は、老後のスタートを60歳と仮定しましょう。なぜなら、60歳で定年になりそれから65歳までは継続雇用の会社も多く、60歳以降の収入は大幅ダウンが散見されます。働き方や収入の変化に備えて60歳からの収支で見ておいたほうがよいのです。ただし今は人生100年時代といわれているくらいなので、30代など若い世代の人は働き方や制度の変化も考えて決めてもいいでしょう。

老後資金はいつから貯める?

- □準備は早くスタートが吉
- □60歳までを目標に貯める
- □今の家計収支を把握することが大切

老後資金の準備は早く始めたほうが楽

老後に必要なお金がイメージできたところで、「老後資金のための貯蓄」はいつから始めればいいのでしょうか? 60歳以降の収入が大幅にダウンすることを考えると、貯める時期は60歳までが勝負なので、答えは30歳ぐらいからの若いうちからということになります。例えば、次の図で60歳までに1,000万円を貯めるには、毎月いくらの積立てが必要なのか見てみましょう。

60歳までに1,000万円貯めるには、毎月いくら積立てる?

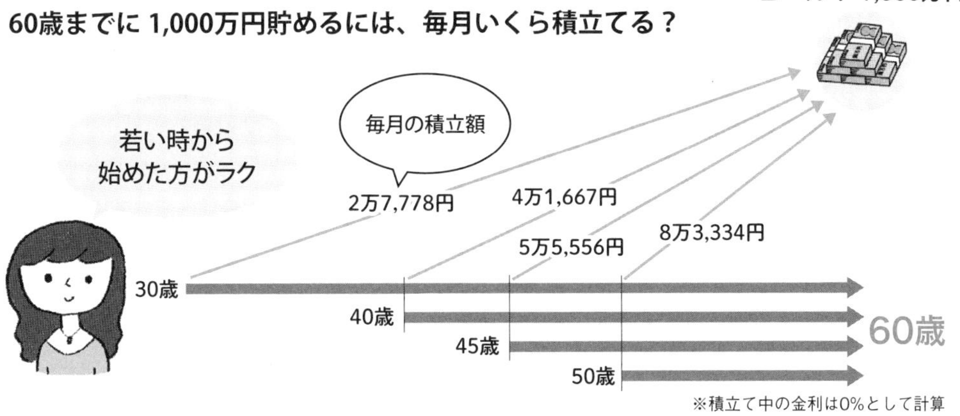

※積立て中の金利は0%として計算

30歳で積立てを始めた場合は毎月2万7,778円で済みますが、45歳からでは約2倍の毎月5万5,556円が必要になります。40代になると教育費や住宅ローンなどさまざまな支出が発生する人も多いので、少しでも早くからスタートした方が負担は楽になります。また、無理なく老後資金を貯めるには、今の家計収支を把握することがとても大切です。

では、次節からは実際に自分の老後の生活費と特別費を計算していきます。

【ステップ3-1】
老後の生活費を見積もる

老後の生活費を計算する

P.52 で老後の生活費の平均額をご紹介しましたが、実際に「自分の老後の生活費にいくら必要なのか？」を現在の生活費から見積もります。老後の生活費は現役世代の７～８割といわれているので、次ページの【ステップ 3-1】でまずは現在の世帯の年間生活費を洗い出して、そこから老後の世帯の生活費を想定します。

● 次ページの表の書き方

１年間の生活費を費目ごとに記入していきます。生活費は「固定費」と「変動費」に分けて記入します。

固定費とは、毎月あるいは毎年など決まったタイミングで支払い、毎回の金額もあまり変わらないものが該当します。それぞれの金額は銀行の通帳やクレジットカードの明細などから確認できるでしょう。今年の１～12月といった区切りでなくても、５～４月など12か月分の連続データがあれば大丈夫です。

変動費とは、その時々で発生する支出です。家計簿など記録がない場合は、これから先の２～３か月分の支出を記録し、12か月分に換算します。表の記入で最優先に考えたいのは固定費の取りこぼしがないことなので、変動費はわかる範囲で結構です。

◆「【現在】の世帯年間生活費」欄：費目ごとに１年間に支払ったすべての金額を記入します。給与から生命保険料や社宅家賃などが天引きされている場合は、忘れずに当てはまる費目に記入しましょう。

◆「【老後】の世帯年間想定生活費」欄：仕事を辞めたあとのリタイア後の生活費を記入します。固定費の費目で子ども費（教育費など）や住宅ローン、生命保険料などリタイア前に終了しているものは記入しません。また、リタイア後の数年間に住宅ローンの支払いがある場合であっても、ここでは記入をしません。住宅ローンの支払いは老後の一定期間ですから、次節の特別費で計上します。なお、変動費は老後の生活費が現状に比べてどのように変化するか、イメージしにくいかもしれません。現在の生活費の７割程度にしたり、P.52の家計調査報告の「高齢者無職世帯の平均生活費」を参考にしたりして記入しましょう。

【ステップ 3-1】老後の生活費を見積もる

費　目	【現在】の世帯 年間生活費	【老後】の世帯 年間想定生活費
固定費		
住居費（家賃・ローン・管理費・税金など）	万円	万円
電気・ガス・水道	万円	万円
通信費（スマホ・ネットなど）	万円	万円
NHK・新聞・サブスク費など	万円	万円
子ども費（教育費など）	万円	万円
習い事の月謝、会費など	万円	万円
車関係（駐車場・点検・車検・税金など）	万円	万円
生命保険料	万円	万円
損害保険料（火災・自動車など）	万円	万円
その他ローン（住宅ローン以外）	万円	万円
その他（お小遣いなど）	万円	万円
固定費合計	①　万円	③　万円
変動費		
食費	万円	万円
日用品費	万円	万円
交通費	万円	万円
被服費	万円	万円
医療費	万円	万円
娯楽・外食費	万円	万円
交際費	万円	万円
車（ガソリン代など）	万円	万円
その他	万円	万円
変動費合計	②　万円	④　万円

【ステップ 3-4-2】（P.70）へ転記→

【現在】の年間生活費合計（①+②）	万円

【ステップ 3-3】（P.67）と【ステップ 5-2】（P.133）へ転記→

【老後】の年間想定生活費合計（③+④）	万円

【ステップ3-2】老後の特別費を見積もり、ライフイベントカレンダーを作成

特別費の予算を立て、必要な時期を把握する

前節で老後に必要な生活費を洗い出しましたが、ここでは老後の特別費の予算を立てていきます。特別費については P.53 でも触れましたが、毎月の生活費以外に数年ごとや不定期に出て行くお金です。健康状態によっては、想定していたよりも入院や介護にお金が掛かってしまうことも考えておくべきです。また、必ずしも生活に必要ではないものの潤いのある暮らしを送るためには多少のお金が必要なこともあるでしょうし、趣味や旅行など老後にやっておきたいことを予算しておくのもいいですね。

給料など毎月収入が入る現役時代と違い、特別費は老後資金の中から充当するため、「何に？」「いつごろ？」「どのくらい？」お金が必要かを把握しておくことがとても重要です。特別費は 60 ～ 90 歳の 30 年間を想定して計算しますが、年齢差がある夫婦などの場合は年下の人がおひとりさまとなる期間も考慮するといいでしょう。

本節の流れは、「医療費」「介護費」「居住費」など 9 つの特別費をそれぞれ 30 年間分で見積もり、【ステップ 3-2-1】でそれらの費用を合算させて特別費の全体予算をつくります。そのあと、各特別費がいつ頃必要なのかを把握するために【ステップ 3-2-2】でライフイベントカレンダーを作成します。

ではさっそく医療費から確認していきましょう。

①医療費：倒れた時のために生活費とは別に備える

民間企業が行った調査によると、老後の不安を感じる理由として上位 3 つに「病気・けが」「経済的な不安」「介護」が挙げられています。また、これらの不安に対してどのような対策を行えばいいのかがわからないという声も耳にしますが、医療費や介護費は公的な医療保険や介護保険の制度があるので、あまり心配しなくてもいいでしょう。医療費の自己負担は 1 ～ 3 割で済みますし、高額な費用が掛かった場合には自己負担には一定の上限があります。

次の表は厚生労働省が公表している生涯医療費をグラフ化したデータです。生涯医療費とは、一人の人が一生のうちに使う医療費の総額です。2018 年度で生涯医療費の平均額は 2,700 万円でした。生涯医療費の半分 1,350 万円は 70 歳以降の老後に掛かることがわかります。なお、自己負担額は年齢と所得に応じて 1 ～ 3 割、概算で約 140 ～ 400 万円です。健康や寿命次第で実際に掛かるお金は読めませんが、平均額を目安に記入しましょう。

生涯医療費（男女計）（2018年度推計）

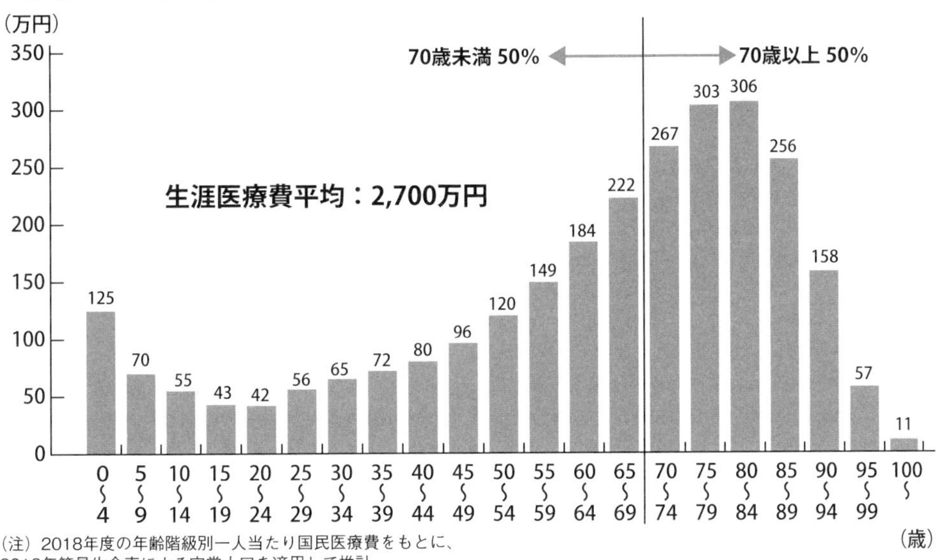

(注) 2018年度の年齢階級別一人当たり国民医療費をもとに、2018年簡易生命表による定常人口を適用して推計。
出典：厚生労働省資料「参考2 生涯医療費（2018年度）」。

①【医療費合計】　　　　　　　　　万円　メモ欄→

②介護費：1人約500万円用意しておく

介護と聞いても遠い将来の話で、実際に親の介護などにかかわったことがなければ、ピンとこないかもしれません。生命保険文化センターの調査によると、介護を行った期間は平均約 4 年 7 か月、介護に掛かった費用は次のとおりです。

介護に掛かる費用と期間

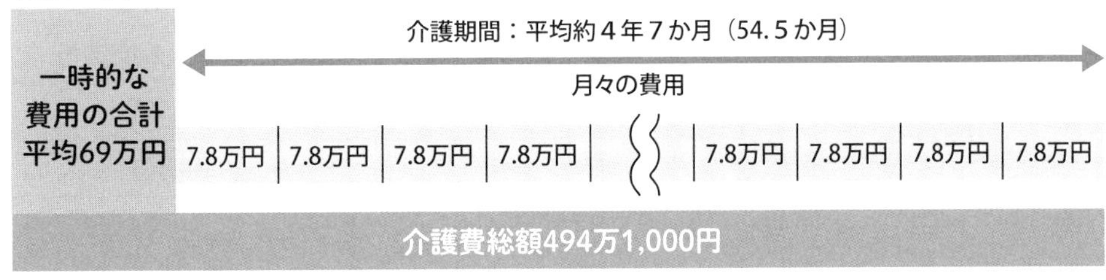

出典：生命保険文化センター「生命保険に関する全国実態調査」／平成30年度を元に筆者作成。

前ページの「介護費総額」は公的介護保険サービスの自己負担額を含む金額です。「一時的な費用の合計」は住宅改造費や介護ベッドの購入などに充てられています。平均データを参考にするならば、一人当たり約500万円は用意しておきたいところです。

②【介護費合計】　　　　　　万円　メモ欄→

③居住費：老後の住まいは特によく考えておく

リタイア後は通勤もなくなり、住みたいところで暮らせます。故郷に戻ったり、郊外の戸建てから利便性を考えマンション、あるいはシニア向け分譲マンションや有料老人ホームなどに住み替えたり、選択肢も増えます。現在保有しているマイホームの売却範囲内で住み替えが可能であれば問題ありませんが、追加資金が必要な場合は不足分を用意することになります。また、今の住まいに住み続けるとしても、リフォームにお金が掛かることも。老朽化していればいろいろなところに不具合が生じている可能性もあります。特に戸建ての場合は、メンテナンスにお金が掛かるので時期を想定して予算を確保しておきたいところです。外壁の塗装や屋根の張替えなどは100万円単位で掛かります。どこまでお金を掛けるかは、それぞれの世帯での判断になるでしょう。老後の住まいにはさまざまな選択肢がありますから、お金のことだけでなく日頃から夫婦などで話し合って意見のすり合わせをしておくことが大切です。

また、リタイア後の数年間、住宅ローンの支払いがある場合は、60歳時点でのローン残高「年間返済額×ローン残年数」を居住費合計に加えてください。

住み替え・リフォーム費用の目安

	種類	費用（概算）
住み替え	土地付注文住宅	約3,900万円～5,000万円
	建売住宅	約2,900万円～3,900万円
	マンション	約3,600万円～5,000万円
	中古戸建	約2,100万円～3,200万円
	中古マンション	約2,200万円～3,400万円
リフォーム	戸建て	約620万円
	マンション	約540万円

（出典）住宅金融支援機構2019年度フラット35利用者調査、
株式会社リクルート住まいカンパニー2017年　大型リフォーム実施者調査を元に筆者作成。

③【居住費合計】	万円　メモ欄→

④車・⑤家電の買い替え費：事前の準備が大切

車の買い替えも大きな特別費になる可能性があります。新車や車種にこだわらなければ、中古車でコストを下げることもできます。あるいは、ランニングコストを考えて軽自動車にする、さらには保有からカーシェアリングサービスの検討など、リタイア後の暮らしに本当に車が必要か考えてみましょう。

家電の買い替えについては、例えばエアコンや冷蔵庫、洗濯機など比較的高額な商品は特別費です。次の表の家電の平均寿命を参考に予算を考えます。

主な家電の平均寿命（2018 年度データ）

電気冷蔵庫	12.2年	ルームエアコン	13.6年
電気洗濯機	10.8年	カラーテレビ	9.5年
電気掃除機	8.4年	パソコン	7年

（出典）内閣府「消費動向調査」データによる家電製品使用年数調査報告書を元に筆者作成。

④【車買い替え費合計】	万円　メモ欄→

⑤【家電買い替え費合計】	万円　メモ欄→

⑥趣味費・⑦ペット費：旅行やペットなどに掛かるお金

趣味を持つことは潤いのある生活に必要な支出です。趣味の内容によってお金の掛かり方は違ってきますが、積み重なると大きな金額になることも。習い事から派生するおつきあいで食事や旅行などに掛かる費用も含めて趣味費の上限を決めておきましょう。また、犬や猫など家族の一員としてペットを飼っている人は、ペット費も忘れずに。アニコム損保の調査によると、ペットに掛ける年間の支出は犬で約 34 万円、猫で約 16 万円となっています。特にペットの高齢化により医療が必要になると、ペット保険に加入していなければ 1 回の通院で 1 万円以上掛かることもあります。

⑥【趣味費合計】　　　　　　　　万円　メモ欄→

⑦【ペット費合計】　　　　　　　万円　メモ欄→

⑧終活費：葬儀やお墓に掛かるお金

葬儀やお墓のことなど、終活費についても考えておきたいところです。葬儀に掛かる費用の全国平均金額は経済産業省の特定サービス産業動態統計調査では2020年で約117万円。その前の2018年と2019年は130万円台だったことから新型コロナウイルスの影響で葬儀の規模や費用が縮小したことも考えられます。葬儀は地方の慣習や個人の考え方にもよりますので、これらの金額はあくまで参考までにしてください。また、「遠方にお墓があって行けない」「あとを継ぐ人がいない」などの事情でお墓の移転や墓じまいを考えている人もいるでしょう。お墓の撤去料のほかに、お寺が管理する墓地からお墓を撤去し、お寺との付き合いをやめる場合は、離檀料（りだんりょう）などが必要となることもあります。最終的に自分のお墓をどうするかについても、一般墓地や永代供養墓、そのほかに樹木葬や散骨まで選択肢はさまざまです。お墓を継承する人がいない場合にはそこも含めて選択肢と費用を確認しておきましょう。

⑧【終活費合計】　　　　　　　　万円　メモ欄→

⑨子ども援助費：子どもの結婚や孫へのお祝い

約8割の親や祖父母などの親族が子どもの結婚費用を援助しています。ゼクシィ首都圏が行った「ゼクシィ結婚トレンド調査2020調べ」によると、その金額は平均で約200万円になります。また、孫がいる時には進学祝いやお小遣い、教育費の援助などキリがありません。自分たちの老後資金が足りなくならないように、どこまで出すか上限額を決めておきましょう。

⑨【子ども援助費合計】　　　　　　万円　メモ欄→

特別費をまとめる

①〜⑨の各特別費の合計額を、次の【ステップ 3-2-1】に転記します。転記を終えたら、一番下の「特別費合計」欄に合計額を記入しましょう。

【ステップ 3-2-1】老後の特別費をまとめる

費目	予算
①医療費合計	万円
②介護費合計	万円
③居住費合計	万円
④車買い替え費合計	万円
⑤家電買い替え費合計	万円
⑥趣味費合計	万円
⑦ペット費合計	万円
⑧終活費合計	万円
⑨子ども援助費合計	万円
特別費合計	万円

ライフイベントカレンダーをつくる

特別費の合計が算出できましたが、この洗い出した金額を必要な時期に振り分けてライフイベントカレンダーをつくります。目的は世帯のイベントやその金額を書き出して将来の見通しを立てることです。60 〜 90 歳までの 30 年間なので予定が変わることは気にせずに書き出しましょう。年齢ごとに表示することで、今後プランの修正や調整が必要になるかもしれない、などと自ら気が付くことが大切なのです。

特別費の内容と金額は人によってそれぞれ異なるでしょう。また、車や家電の買い替えなど、自分である程度の金額をコントロールできるものもあれば、医療費や介護費などいつ必要となるか予定できないものもあります。つまり、予測不能な事柄も含め予算をある程度立てておかないと、家計に大きなダメージを与える可能性があるのです。

特に医療費については「公的保険の自己負担がどの程度になりそうか？」を見積もります。例えば、70～74歳の医療費は主に2割負担（現役並み所得者は3割負担）。75歳以上は原則1割負担（現役並み所得者は3割負担）ですが、2022年度から2割負担へと法律の改正が予定されています。公的年金の受給見込額が単身で200万円以上、複数人世帯で75歳以上の年収合計が320万円以上の場合、2割負担の対象なので、【ステップ1-1】で計算した公的年金の受給見込額を確認します。その上で生涯医療費の平均額の半分に当たる1,350万円の1～2割で大まかな予算を決めましょう。

また、家のリフォームは、あと何年この家に住むのかをよく考えて予算を精査するといいでしょう。終活費は、エンディングノートを書いたことがあれば、お墓や葬儀など具体的な希望があるかもしれません。どのくらいの予算を用意しておけばよいのか調べて、残された家族に伝わるようにしておくことも大切です。

● 次ページの表の書き方

◆「名前」欄：単身者は片方のみに記入します。夫婦などの場合は年上のほうを左側に記入し、その年齢を起点に年下のほうを右側に記入します。

◆「イベント・予算額」欄：同年のイベントと予算額を記入します。例えば、「車買い替え・150万」「外壁塗装・100万」「夫定年退職」などです。費用が発生するイベントは、P.63の【ステップ3-2-1】の予算を見ながら記入します。費用が発生しないイベントはイベントのみ書きます。「住宅ローン」は年間返済額を完済年齢まで1年ずつ記入します。なお、例えば、エアコンの買い替えは10年ごとなど一定の期間で予算を考えたい場合は、一括ではなくその期間を目安にした年齢のところに記入します。

◆「予算合計」欄：各予算額の合計額を記入します。例えば、前述の「車買い替え・150万」「外壁塗装・100万」「夫定年退職」の場合、予算合計は150万円と100万円を足した「250万円」となります。

◆「予算総合計」欄：各行の予算合計を集計して記入します。

◆「①医療費」「②介護費」「⑧終活費」欄：【ステップ3-2-1】（P.63）の老後の特別費のうち、「①医療費」「②介護費」「⑧終活費」は必要な時期が未確定でライフイベントカレンダーに書くことが難しい費用です。そこで、ライフイベントカレンダーには記入しないものの、それぞれ対応する欄へ【ステップ3-2-1】から転記します。そして、これら3つの特別費を合計した金額を右側にあるⒷ欄に記入します。最後に、予算総合計Ⓐと合算して一番下の「特別費合計」に記入します。「特別費合計」が【ステップ3-2-1】（P.63）の特別費合計と一致するか確認しましょう。一致しなければライフイベントカレンダーへの記入漏れがあることになるので、見直します。

【ステップ 3-2-2】ライフイベントカレンダーをつくる

名前		イベント・予算額	イベント・予算額	イベント・予算額	予算合計
60歳	歳				万円
61歳	歳				万円
62歳	歳				万円
63歳	歳				万円
64歳	歳				万円
65歳	歳				万円
66歳	歳				万円
67歳	歳				万円
68歳	歳				万円
69歳	歳				万円
70歳	歳				万円
71歳	歳				万円
72歳	歳				万円
73歳	歳				万円
74歳	歳				万円
75歳	歳				万円
76歳	歳				万円
77歳	歳				万円
78歳	歳				万円
79歳	歳				万円
80歳	歳				万円
81歳	歳				万円
82歳	歳				万円
83歳	歳				万円
84歳	歳				万円
85歳	歳				万円
86歳	歳				万円
87歳	歳				万円
88歳	歳				万円
89歳	歳				万円
90歳	歳				万円

予算総合計 Ⓐ　万円

①医療費　万円 ＋ ②介護費　万円 ＋ ⑧終活費　万円 ＝ Ⓑ　万円

※イベントと予算合計は【ステップ 5-2】（P.133）へ転記。

特別費合計　【ステップ 3-2-1】（P.63）と一致させる　Ⓐ＋Ⓑ　万円

【ステップ 3-3】（P.67）へ転記↑

【ステップ3-3】足りない老後資金を計算する

自分の老後に足りないお金を計算する

前節までは老後の生活費と特別費を見積もりました。本節では、その見積もった金額を元に老後資金の不足額を計算します。次の図にある「足りない老後資金」という部分が、自分で用意しなければいけない老後資金になります。第１章では公的年金を、第２章では退職金などの私的年金の受け取り見込額を計算してきました。今まで算出してきた数字を次のページの【ステップ 3-3】の計算式に記入していけば、足りない老後資金が算出できます。

老後資金の足りないお金

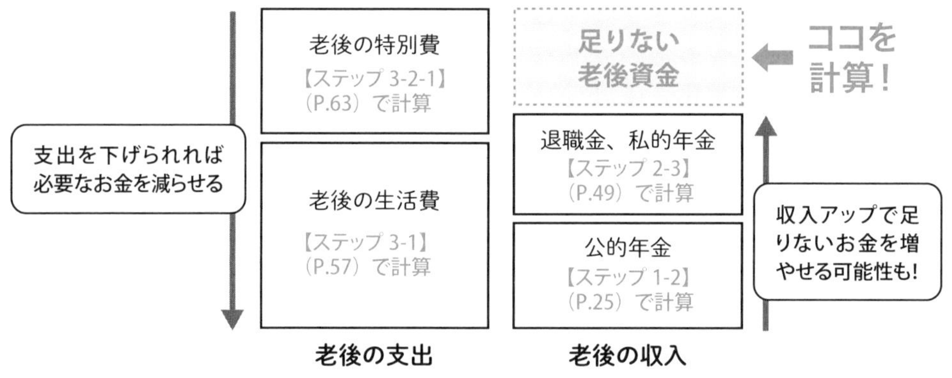

● 次ページの計算式の書き方

「夫婦など２人の場合」「単身者の場合」と２パターンあるのでどちらか選択して、今まで算出してきた数字を指示に従って転記します。90歳まで生きることを前提に計算を行いますが、夫婦などの場合男女で平均寿命の差は約６歳、妻が年下であれば、一人になる期間が想定されます。妻一人の生活費については二人の生活費の70%を記入します。もしくは決めている生活費があれば、その金額を記入して、世帯全体で足りない老後資金を算出します。単身世帯の場合は、算出してきた数字をシンプルに転記するだけで足りない老後資金が計算できます。

【ステップ 3-3】足りない老後資金を計算

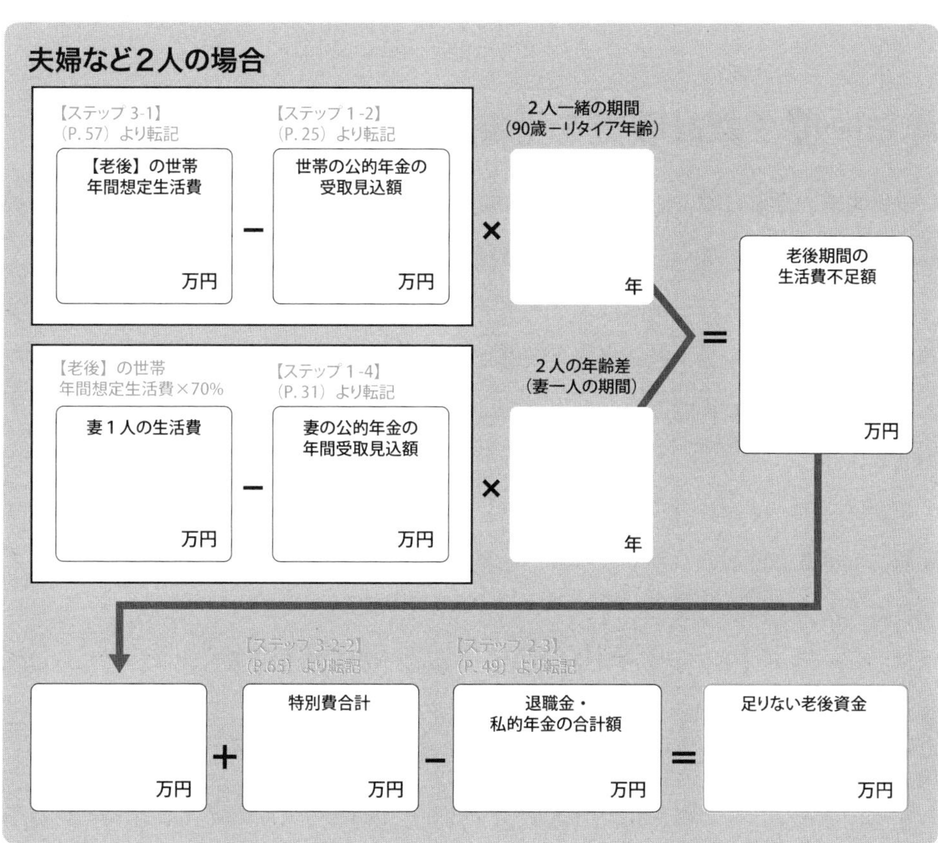

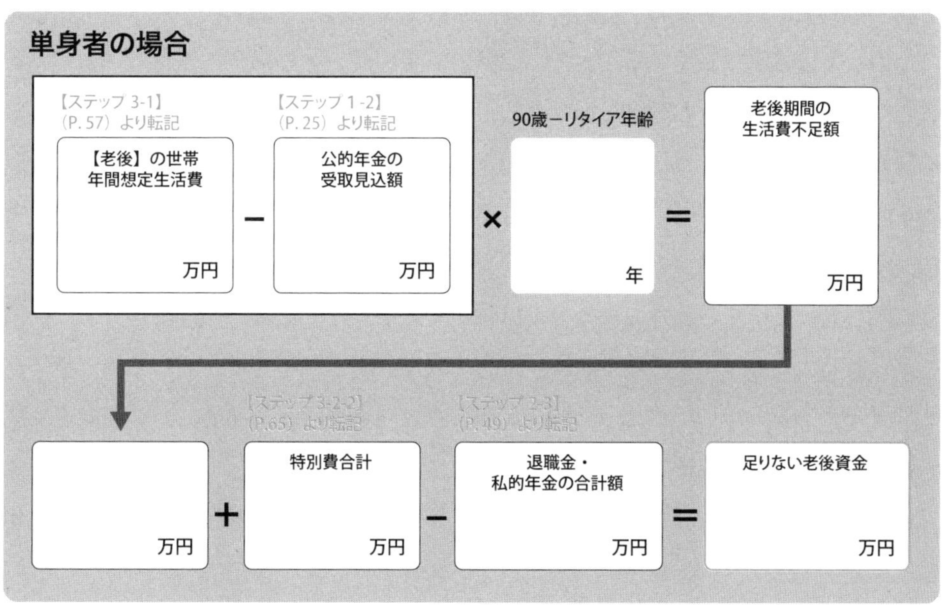

【ステップ3-4】

自分の家計収支を把握し、家計を見える化する

年に一度、家計収支を把握する

老後資金の準備は早くに始めたほうが楽とお伝えしましたが、老後資金を貯める前に貯蓄可能な家計になっているのかを確認する必要があります。

貯蓄可能な家計とは、「年間収支が黒字で貯蓄ができている状態」の一言につきます。年間収支が赤字の場合、老後資金を準備できる状態ではありませんから、今の家計がどういう状況なのか実際に自分の家計を2つの【ステップ】に記入してチェックしてみましょう。

まずは次のページの【ステップ3-4-1】で、源泉徴収票や給与明細などから自分が実際に受け取った収入（手取り年収）を算出します。夫婦など世帯人数が1人以上の場合は人数分を計算しましょう。

次に、P.70の【ステップ3-4-2】では、年間の家計収支を計算します。こちらは本業の収入のほかに、副業などの収入があればそれらもプラスして年間の世帯収入の合計を出します。

年間の支出については、P.57【ステップ3-1】で算出しているので、新たに何かを計算する必要はありません。これで年間の家計収支がわかります。

このように数字で確認することで、自分のお金の使い方の傾向も見えてきます。貯蓄をしているつもりでも貯金を切り崩しているだけだったり、年収は上がっているのに貯蓄に回せていなかったりといった現状や課題がわかるでしょう。それに対して支出を削減するなど改善に向けて実行できるポイントを探すことが重要になります。特に夫婦などの場合、現状を把握して共有することで、今後の生活について一緒に前向きに話し合っていくことができるのではないでしょうか。実際の相談現場でも、夫婦で来られる人たちは、その場で家計状況を二人で共有できること、そして第三者であるファイナンシャル・プランナー（以下、FP）が立ち会うことで冷静にかつ前向きに話を進められることの相乗効果を実感しています。年間収支が確認できたら、次節では「いったい、今いくらの資産があるのか？」という今の資産状況を把握していきます。

● 次の計算方法

まずは、年末や1月に勤務先から受け取る源泉徴収票を用意します。用意ができたら次の源泉徴収票の画像にある①～③の数字を、源泉徴収票の下の計算式の①～③にそれぞれ転記します。

計算式内の「住民税額」は欄外の説明文を参照して、給与明細あるいは住民税決定通知書を確認の上、記入します。この計算によって算出された金額が「収入額」いわゆる手取り年収額となります。夫婦などの場合は2人分を別々に計算し、次ページの【ステップ3-4-2】に転記します。

【ステップ3-4-1】収入（手取り年収）を計算

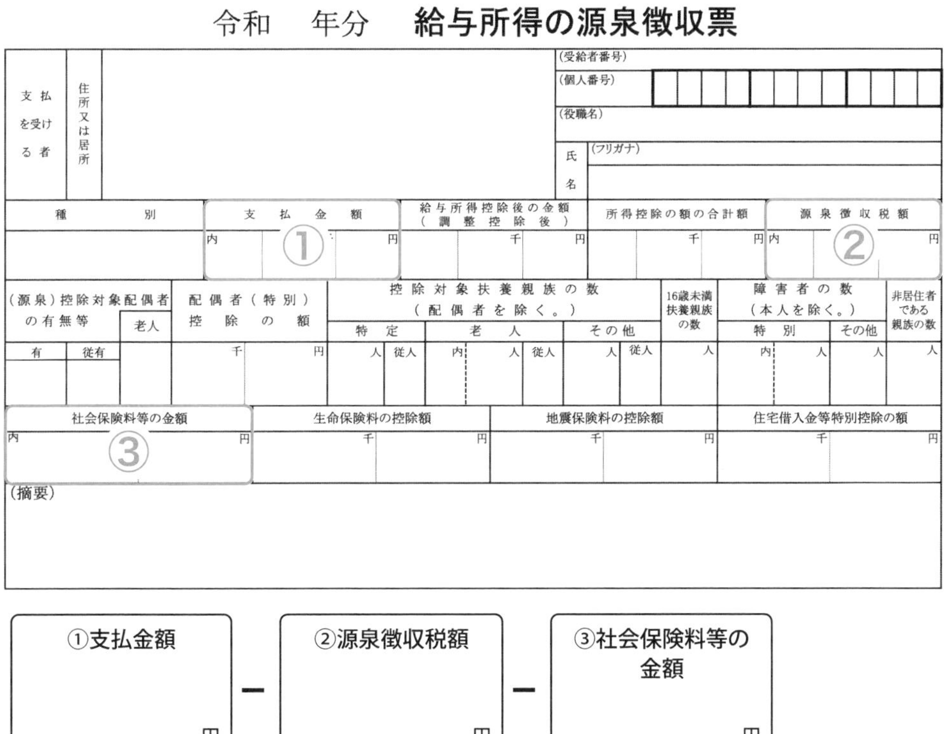

令和　年分　給与所得の源泉徴収票

支払を受ける者 | 住所又は居所 | (受給者番号) | (個人番号) | (役職名) | 氏名 (フリガナ)

種別	支払金額 ①	給与所得控除後の金額（調整控除後）	所得控除の額の合計額	源泉徴収税額 ②
	内　円	千　円	千　円	内　円

(源泉)控除対象配偶者の有無等		老人	配偶者(特別)控除の額	控除対象扶養親族の数(配偶者を除く。) 特定		老人		その他		16歳未満扶養親族の数	障害者の数(本人を除く。) 特別	その他	非居住者である親族の数
有	従有		千　円	人	従人	内　人	従人	人	従人	人	内　人	人	人

社会保険料等の金額 ③	生命保険料の控除額	地震保険料の控除額	住宅借入金等特別控除の額
内　円	千　円	千　円	千　円

(摘要)

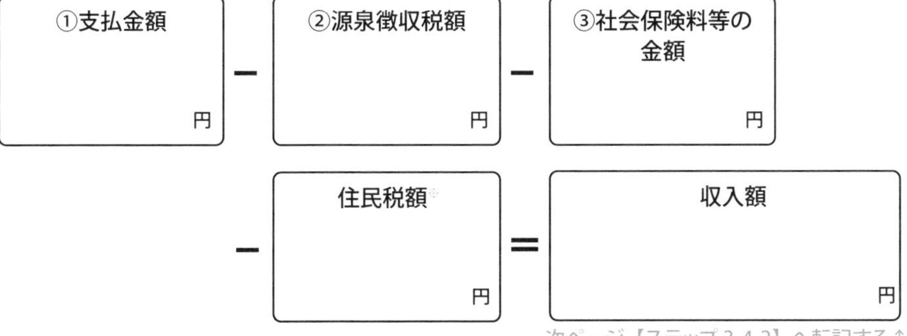

次ページ【ステップ3-4-2】へ転記する↑

※**住民税額**

住民税は源泉徴収票に記載されていません。次のいずれかの方法で確認します。

- 給与明細に記載の「住民税の金額」×12で計算する
- 住民税決定通知書で確認する

● 次の計算方法

◆「夫（妻）の収入額（給料手取り）」欄：前ページの【ステップ 3-4-1】で計算した収入額を、受け取る人ごとに転記します。単身者の場合は、どちらか一方に記入します。

◆「その他収入額」欄：家賃収入など、給与以外の定期的な収入があればそれらの合計額を記入します。カッコ内は（家賃収入）などの内容を記入してください。夫婦などの場合は２人分を合算して記入します。

◆「収入額の合計」欄：各収入額を合計します。

◆「年間の支出合計」欄：【ステップ 3-1】（P.57）「【現在】の年間生活費合計」を転記します。

◆「③年間の収支」欄：指示に従い計算します。この金額がプラスであれば「60歳までに準備できる老後資金」も計算します。

【ステップ 3-4-2】年間の家計収支を計算

年間の収入	年間予算
夫の収入額（給料手取り）	万円
妻の収入額（給料手取り）	万円
その他収入額（　　　　　　　）	万円
収入額の合計	①　　　　万円

前のページで計算した「収入額」を転記

年間の支出合計	②　　　　万円

←【ステップ 3-1】（P.57）「【現在】の年間生活費合計」より転記

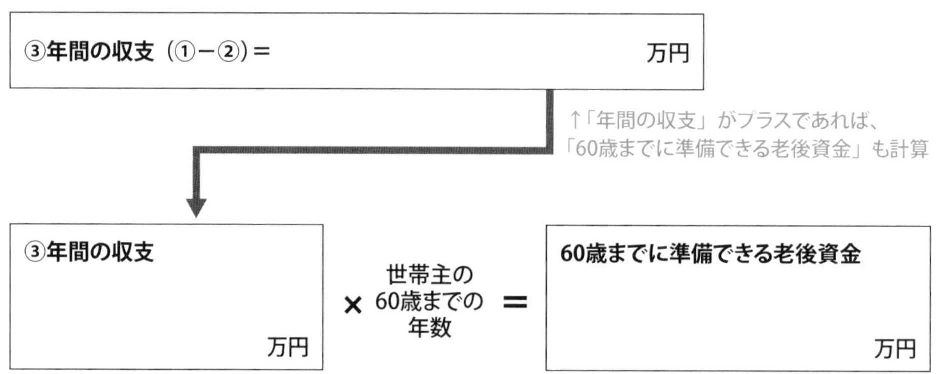

いまの貯蓄ペースで問題ないか確認する

前ページの【ステップ 3-4-2】で算出した「③年間の収支」がマイナスの場合は、早急に対策が必要ですが、プラスであればこの金額が1年間に貯蓄できる額ということになります。ただし、これは計算上の金額ですから、本当に貯蓄に回した金額と一致するのか確認が必要です。それには1年間の貯蓄額を調べる必要があり、預金通帳や証券口座の明細などを見ればわかります。

年間収支の金額と貯蓄に回した金額に差異があれば「使途不明金」となります。おそらく原因は変動費や臨時の支出でしょうが、思い出せないものは仕方がないので今後のお金の使い途を意識しましょう。また、貯蓄ができている場合、「貯めるペースはこのままでいいのか？」を把握することが重要です。老後資金は60歳までに貯めると前述しましたが、【ステップ 3-4-2】の一番下で「60歳までに準備できる老後資金」を計算しました。その金額は【ステップ 3-3 足りない老後資金を計算】(P.67) で出した金額と比べてどうでしょうか？　十分貯められているか、あるいはもう少し貯めるペースの改善が必要か確認しましょう。特に夫婦などの場合、これらの情報を共有して今後のことを話し合っておくことも大切です。

親の介護に掛かるお金はどうすればいいの？

実家の親が突然倒れた、など介護はある日突然始まることも多くあります。介護を担った子どもが介護離職をしたり、介護破産となったりすることは社会問題ともなっています。介護に掛かるお金の大原則は「親の介護は親のお金でまかなう」です。それには、親が元気なうちに情報の共有をしておくこと。ここでいう情報とは、①預貯金額（金融機関とキャッシュカードの有無）、②年金の受給額、③株式などの金融商品、④民間の医療保険や生命保険の加入内容、⑤負債の有無と内容、⑥不動産の把握です。施設への入居を検討する場合、これらの資産から収支表を作成することも重要です。自分たちで作成できなければ専門家に依頼するのも一考です。

また、介護は情報戦ともいわれるように、一人で情報を集めるには限界があります。特に実家が遠方であれば、親の地域の情報に疎くて当然です。介護全般の相談は、親が住んでいる自治体の地域包括支援センターで受けてもらえるので、まずは連絡先を調べておきましょう。

【ステップ3-5】

今の資産を洗い出し、現状を正しく把握する

資産の棚卸しは家計健全化への第一歩

今いくらの貯蓄があり、ローンがどのくらい残っているかを正確に把握している人は意外と少ないことを相談現場から感じています。現状を正しく知ってこそ、今後の対策を立てられるものです。今持っている資産もすべて書き出して見える化しましょう。資産を把握する理由は主に2つあります。1つ目は、今の資産を正確に把握して必要な老後資金を明確にするためです。漠然とした老後のお金の不安を数字で確認することで、今後やるべきことも自ずと見えてくるでしょう。2つ目は、次の第4章で生命保険の必要保障額を計算する際に、今の資産状況を正確に把握する必要があるためです。ここでしっかりと確認しましょう。

● 次ページの表の書き方

◆①「貯蓄（預貯金・投資信託・株式など）」欄：預貯金は名義ごとの残高を、投資信託・株式など値動きがある資産は直近の価格（評価額）を記入します。「貯蓄の種類」には、投資信託や株式などの種類でまとめます。iDeCoは【ステップ2-2】（P.47）の個人年金で計上しているので記入は不要です。

◆②「保険」欄：記入するのは、終身保険や学資保険などの貯蓄型の保険です。「保険の種類」には、終身・学資など種類と保険金額を「終身（200）」などと記入します。「契約者（被保険者）」は保険証券や設計書で確認します。「解約返戻金」は、保険証券に記載がある一番近い時期の額を記入します。個人年金保険など老後資金を目的とした生命保険は、【ステップ 2-2】（P.47）で計上しているので記入は不要です。

◆③「不動産・車・宝石・貴金属など」欄：今、売った場合の価格を記入します。マンションの場合、インターネットなどで調べて同じ間取りの部屋が売却に出ていれば参考にします。戸建ての場合はインターネットの無料査定を利用してもよいでしょう。あくまで概算で大丈夫です。車や宝石・貴金属は換金価値が高そうなものがあれば記入しましょう。「内容」には、土地や建物面積、車種などを、複数の宝石・貴金属は数量を書いておきます。

◆④「負債」欄：住宅ローンや自動車ローン、奨学金などのマイナスの財産をまとめます。金利や今の借入残高を記入して負債の合計を出しましょう。リタイア時までに住宅ローンが完済予定の人は、今の残債をそのまま記入しますが、リタイア後も住宅ローンを支払い続ける場合は、リタイア時の残債は老後の特別費に計上するため、「負債」欄には現時点での残債からリタイア時の残債を引いたの金額（現時点の残債－リタイア時の残債）を記入します。

【ステップ 3-5】資産の棚卸し

①貯蓄（預貯金・投資信託・株式など）

金融機関	貯蓄の種類	名義	金額
			万円
			万円
			万円
			万円
		貯蓄合計	① 万円

【ステップ 4-2】（P.91）「資産」へ転記↑

②保険

保険会社	保険の種類	契約者（被保険者）	解約返戻金
			万円
			万円
			万円
			万円
		保険合計	② 万円

③不動産・車・宝石・貴金属など

種類	名義	内容	時価
			万円
			万円
			万円
			万円
		不動産・車・宝石・貴金属など合計	③ 万円

④負債

金融機関	種類	金利	残債
			万円
			万円
			万円
			万円
		負債合計	④ 万円

資産の棚卸し合計（①＋②＋③－④）	万円

今後どうすればいいのか確認する

- □資産の棚卸しで本当に必要な老後資金を知る
- □将来掛かる大きな支出には長期的視点が大切
- □資産の赤字は3つのステップで健全化

資産の棚卸しは年に一度、定点観測する

前節で資産の棚卸しをしたことで、プラスとマイナスの資産が一目瞭然になりました。これで自分の家計の状況がすべて明らかになったことになります。資産の棚卸し合計額がプラスであれば、【ステップ 3-3】の「足りない老後資金」（P.67）から資産の棚卸しでのプラス金額を引いた額が「これから準備する老後資金」です。ただし、リタイアするまで今の資産額をキープできればの話ではありますが。

足りない老後資金 【ステップ 3-3】（P.67）	−	資産棚卸し合計 【ステップ 3-5】（P.73）	＝	これから準備する 老後資金

老後資金の必要額を知るためにも資産の棚卸しには定点観測が重要です。年に１回の棚卸しで「家計運営が健全に行われているか」をチェックします。一言でいえば、プラスの資産が増えて、負債が減っている状態であれば安心です。それには、年間の家計収支がプラスで貯蓄に回せていることが必須となります。プラスの資産を増やしていけるのは概ね仕事をリタイアするまでの期間に限られます。現在、資産全体がプラスであれば、将来の予想される大きな支出に向けて貯蓄を積み上げていくことが重要です。30 代や 40 代であれば、これから子どもの教育やマイホームなど大きな支出が続くことも予想されます。老後まではまだ時間がありますが、子どもやマイホームにかけるお金は「いくらまでかけるか」長期的視野で考える必要があります。現役時代の年収がそれなりに高くて住宅ローンの支払いは問題ないけれど、「定年後にローンが残ってどうしたらいいのか？」というケースもあります。定年後も働けばなんとかなると思っていても実際には現役時代に比べて稼げず、非常に厳しい家計状況になって

しまう可能性もゼロではありません。実際にそのようなご相談を受けることもあります。また、子どもに掛けるお金も同様です。やりたいことはすべて叶えてあげたいのは親として当然のことですが、上限を決めておかなければ自分の老後の生活が成り立たなくなる、といったリスクを抱えることにもなるのです。

1年に1回は、資産の棚卸しをしよう

☑ 貯蓄合計が前年より増えているか

☑ 負債合計が前年より減っているか

P.73の【ステップ3-5】の数字を参照しましょう!

赤字でも「資産の健全化」で対策できる

家計収支が赤字の人は不安になったかもしれません。住宅ローンを支払っている世帯は、赤字だとしても珍しくはないのでまずは安心してください。なぜなら状況を把握できたからこそ、これからやるべきことがわかるからです。特に住宅ローンがある場合には、「リタイア前に完済できそうか？」を確認してみてください。自分が思っていたより多く住宅ローンが残っているとしたら、対策を考えていきましょう。例えば、計画的に繰上げ返済を行いリタイアまでに完済する、あるいはローンの借り換えで金利を低くして返済総額を減らすなどをいくつか検討して実行します。

また、計算した「これから準備する老後資金」を用意するのは難しそうだし、家計収支や資産全体もイマイチだし、そんな諦めモードな気持ちになっている人もいるかもしれませんが、大丈夫です。次の3つのステップで資産の健全化を行っていきましょう。

「資産の健全化」への3つのSTEP！

第4章、第5章で取り組みます

STEP1
いまのお金の使い方を見直す
家計をスリム化して、要らない支出を減らす
→ 第4章　今のお金の使い方を見直す

STEP2
収入を増やす方法を考える
働き方・手取り収入を増やす方法を知る

STEP3
資産を増やす方法を考える
持っているお金を増やす方法を知る

→ 第5章　足りないお金を準備する

こんな場合はどうすればいいの？Q＆A

Q　夫が家計に無関心で、お金の話をすると機嫌が悪くなります。どうすれば前向きに話し合うことができるでしょうか？

A　夫や妻など夫婦のどちらかは家計に無関心、無頓着というご相談はよくあります。一人で家計をなんとかしようと、孤軍奮闘で頑張っている人も多いのではないでしょうか。

男性脳・女性脳という考え方の真相はわかりませんが、異なる環境で育ってきた人間同士ですからお金の価値観が違って当たり前で、大なり小なりのすれ違いは生じるものです。

この前提を理解した上で、夫に協力的になってもらうポイントをお伝えすると、まず、向き合うのは相手ではなく2人の未来です。今回のケースのように、相手が非協力的だと正面から立ち向かってしまいがちですが、これでは話し合いにならず、夫は責められていると感じて臨戦態勢に入ってしまいます。

大切なことは話し合いのテーブルにつくことです。話し合いといっても、不安な気持ちを全面に押し出すのはこれまたNGです。

ゴールは、お互いが現在よりも良い状態にしようと歩み寄り、前向きに話しができる状態に持っていくことです。2人で共通の目標をつくったり、それぞれが叶えたい夢などを共有したりできたらいいですね。その時に重要なのが、客観的資料です。家計の全体像を数字で示し共有することです。

具体的には、はじめは年間収支と貯蓄高がわかれば十分です。また、自分に不都合なことも含めて情報開示は正直に行いましょう。こちらが胸を開けば相手も素直に公開してくれるはずです。家計の全体像を2人で把握できれば、どちらか一方に偏っていた精神的不安はかなり減りますし、なんのためにお金の節約が必要でどのくらいの貯蓄をすべきなのかの意識合わせにもなります。

このように、お金について考えることは、人生を2人でどう生きていきたいのかを考えることにもつながります。定期的に価値観のすり合わせを行えば、小幅な進路修正で済みます。ぜひ、これらのポイントを踏まえて、夫婦で話し合う場を持ってもらいたいと思います。

第4章

今のお金の使い方を見直し、家計をスリム化しましょう

生活費を見直して家計をスリム化する

- □生活費の節約は固定費の見直しが効果的
- □「ちりつも」消費に意識を向ける
- □自分のライフスタイルに合った方法を知る

生活費は固定費から見直す

資産健全化への第一歩は支出を見直すことです。詳しい方法は【ステップ3-1】「老後の生活費を見積もる」（P.57）で【現在】の年間生活費を見直してください。生活費の中でも固定費は毎月あるいは毎年決まって出て行くお金ですから、一度見直せばずっと継続して支出を減らせるので効率的です。

特に固定費でも、生命保険料や住宅費は人生の４大コストに含まれるほど大きなお金が掛かります。これらの見直しができれば、その分をリタイアまでの貯蓄に回すことができるので、次節以降でぜひ取り組んでいきましょう。ほかにも本章では車や通信費などの固定費で削減できるものを検討していきます。

ラテマネーに注意する

普段何気なく使っている小さな支出を「ラテマネー」といいます。スーパーやコンビニなどレジ待ちの時に何気なく手を伸ばして、買うつもりのなかった商品を買い物カートに入れていることはありませんか？　通勤途中のコーヒーやペットボトル飲料、ATM手数料、スマホアプリの課金など、たかが小銭程度の消費とはいえ、ちりも積もればそれなりの金額になります。

これらは固定費ではなく変動費に当てはまります。固定費から見直すといったものの、ラテマネーも減らしたい支出です。まずは毎月いくら使っているか計算すること、そしてお金を使う時には「それは本当に必要なものやコトか？」を意識することが大切です。

ライフスタイル別　生活費を見直すポイント

◆単身世帯は自己管理が重要

住居費は、一人暮らしか実家暮らしかによって大きく異なります。一人暮らしの場合、自由を謳歌できる半面、自己管理が大切です。家計を圧迫するような家賃を払ってはいないでしょうか？　また、民間の保険に加入する際、単身世帯は大きすぎる死亡保障は不要です。通信費やサブスクリプションサービス、習い事なども洗い出して本当に必要なのか精査しましょう。変動費の見直しは、食事を自炊するだけでも大幅なコスト削減になります。お勧めはP.70で行った家計収支の確認です。見える化して、まずは固定費削減から取り組みましょう。

◆共働き夫婦などは情報共有が重要

共働き夫婦などは２人で収入を得ているので、極端なケースではお互いの収入と支出を知らない、なんてこともあるのではないでしょうか。世帯ごとに家計管理のスタイルは異なりますが、大切なことは「情報の共有」です。それには２人が良好な関係を築いておくことも重要です。具体的に将来のライフプランについて話をすることで、必要な金額も明確になります。夫婦などのお財布が別々の家計では、それぞれ２人の契約をまとめると安くできるサービスがあるか調べてみましょう。また、会社の福利厚生サービスで、例えば会員制リゾートホテルを利用できれば旅行費などのコストを抑えられる可能性もあるので、確認をして効率的な支出削減をしましょう。

◆子どもがいる家庭は青天井の教育費に注意

子どもに掛かるお金は、「どこまで掛けるか？」を意識することが大切です。子どもの進学プランによりますが、教育費が掛かるのは一般的に高校進学から大学を卒業するまでの時期です。高校進学まではあまりお金を掛けすぎないことが重要です。特に複数の習い事を掛け持ちさせている家庭は要注意。各家庭の方針によりますが、学習塾は可能な限り学習アプリなどを利用して、安価あるいは無料のものを利用することも一つの選択肢です。また、必要な衣服は成長に応じてフリマアプリを活用してコストを抑えることでメリハリをつけることも。固定費についてはスマホなどの通信費の見直しはもちろん、それ以外に

も会社の団体保険に加入することも一考です。特に、勤務先でGLTD（団体長期障害所得補償保険）を導入している場合は、要チェックです。GLTDとは、万が一の病気やけがで長期間働けなくなった時、最長定年まで減少する給与の一部を補償する団体保険です。保険会社によって補償内容は異なりますが、調べてみる価値はあります。教育費などの負担が大きい子育て世帯には、就業不能時の保障はありがたいものです。

◆子ども独立後の家庭はリタイアに向けてダウンサイジングを

子ども独立後の家庭では、まずは生命保険と住宅ローンの見直しをします。大きな死亡保障は不要になることやそのほかの保障についても、老後に保険料を払い続けていけるのかを含めて保険全体を見直します。また、住宅ローンがリタイア時に残りそうな場合には、繰上げ返済や借り換えで残債を減らせるか検討しましょう。さらに、通信費などほかの固定費の見直しはもちろん、老後を想定した生活費で実際に暮らせるか予行演習をしてみるのもお勧めです。

＊＊＊

では、次ページからは具体的に生命保険や住宅ローンなど固定費を見直して支出削減する方法についてみていきます。

「食品ロス」を減らして、家計をスリム化！

「食品ロス」とは、本来まだ食べられるのに捨てられてしまう食品のことです。家庭からの食品ロスが減れば、地球も家計も助かるというわけです。家庭での食品ロスについて消費者庁が2017年に徳島県で実施した実証事業の結果では、まだ食べられるのに捨てた理由として多い順から次のようになっています。

（1）食べ残し 57％

（2）傷んでいた 23％

（3）期限切れ 11％（賞味期限切れ 6％、消費期限切れ 5％）

私たちができること

【買い物で】	＋	【家庭で】
●買い物前に、食材をチェック ●必要な分だけ買う ●期限表示を確認し、賢く買う		●適切に保存する ●食材を上手に使い切る ●食べきれる量を作る

生命保険を見直して家計をスリム化〈死亡保障編〉

- □生命保険は必要な保障だけ加入すればいい
- □死亡時の強い味方は「遺族年金」
- □会社員は「企業内保障」もチェック

保険の入りすぎに注意する

いざという時のために、民間の生命保険や医療保険は必ず必要と思ってはいないでしょうか？　結論からいうと、私たちは「既にある程度の公的な保障」を持っているので、民間の保険には足りない分だけ加入すれば十分なのです。それにはまずは、世帯主が持っている公的保障を確認する必要があります。民間の保険には、「必要な分だけ」×「最低限の保険料」で加入するのが鉄則です。次図のとおり、保険には主に死亡保障と医療保障があります。

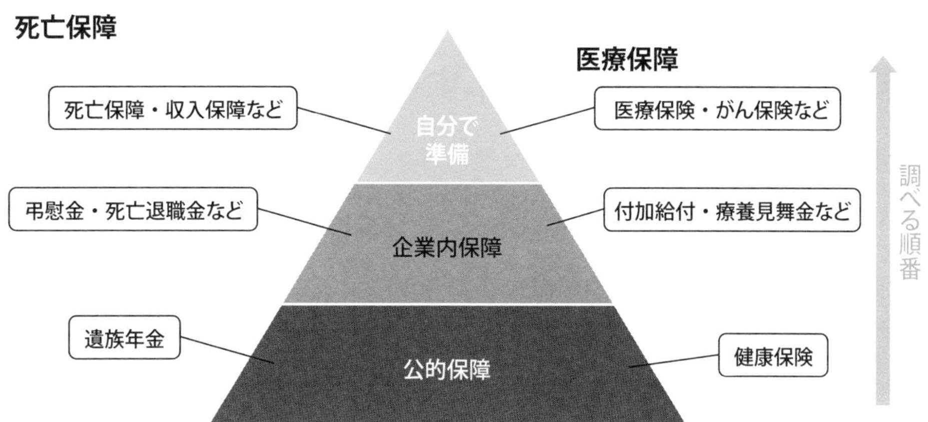

死亡時の公的保障を確認する

公的な死亡保障の柱となるのは、「遺族年金」です。遺族年金には国民年金から給付される「遺族基礎年金」と厚生年金から給付される「遺族厚生年金」があります。遺族年金は亡くなった人の働き方や、残された家族の状況によって決まります。次表を参照して受け取れる遺族年金の種類を確認しましょう。なお、残された配偶者の前年の年収が850万円（所得655万5,000円）以上の場合は、遺族基礎年金と遺族厚生年金のいずれも受け取ることはできません。また、子どもは、18歳到達年度の末日まで、すなわち高校卒業までの子（あるいは20歳未満で1級か2級の障害のある子）と定められています。

残された配偶者が受け取る遺族年金早見表

	子ども	遺族基礎年金	遺族厚生年金	中高齢寡婦加算
会社員（夫）が亡くなった場合	いる	給付あり	給付あり	給付あり
	いない	給付なし	給付あり（30歳未満の妻は5年の有期給付）	給付要件：40歳以上65歳未満の妻
自営業（夫）が亡くなった場合	いる	給付あり	過去に厚生年金加入があれば受給できることもある	
	いない	給付なし		
会社員（妻）が亡くなった場合	いる	給付あり	給付あり	給付なし
	いない	給付なし	要件を満たすと給付あり	給付なし
専業主婦・扶養内の妻（夫）が亡くなった場合	いる	給付あり	給付なし	給付なし
	いない	給付なし	給付なし	給付なし

遺族基礎年金の金額を確認する

遺族基礎年金は、子どもの数に応じて金額が決まり支給されます。対象となる子どもがいない場合には支給されません。

子どもの数による遺族基礎年金の額（2021年度）

※年額

子どもの数	配偶者が受け取る額	子どもの加算額	遺族基礎年金の合計額
1人	780,900円	22万4,700円	100万5,600円
2人		22万4,700円×2	123万300円
3人		22万4,700円×2＋7万4,900円	130万5,200円

出典：日本年金機構「遺族年金ガイド（2021年度）」を元に筆者作成。

配偶者が受け取る額に、子どもが2人目までは1人当たり年間22万4,700円、3人目以降は7万4,900円を加算します。子どもの年齢が18歳の年度末をすぎると加算額はなくなり、すべての子どもが18歳の年度末をすぎると遺族基礎年金の給付は終了します。

なお、遺族基礎年金と遺族厚生年金の給付額はP.87の【ステップ4-1】で計算します。

ねんきん定期便で遺族厚生年金を確認する

世帯主が夫で会社員の場合、子どもの有無にかかわらず、要件を満たす妻は遺族厚生年金を一生受け取れます。ただし、子どものいない30歳未満の妻は5年間のみの有期支給、また妻が再婚した場合には受給権利はなくなります。いくら受け取れるのかは亡くなった夫が厚生年金に加入していた期間と給料によって異なります。目安は、夫が受け取るはずだった老齢厚生年金の額の4分の3になり、夫が50歳未満の場合は、夫のねんきん定期便から次のとおりに計算ができます。

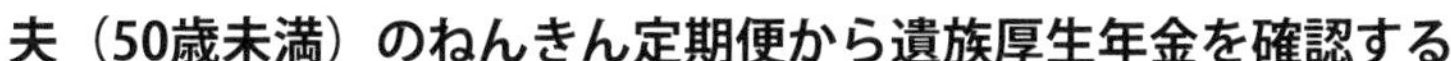
夫（50歳未満）のねんきん定期便から遺族厚生年金を確認する

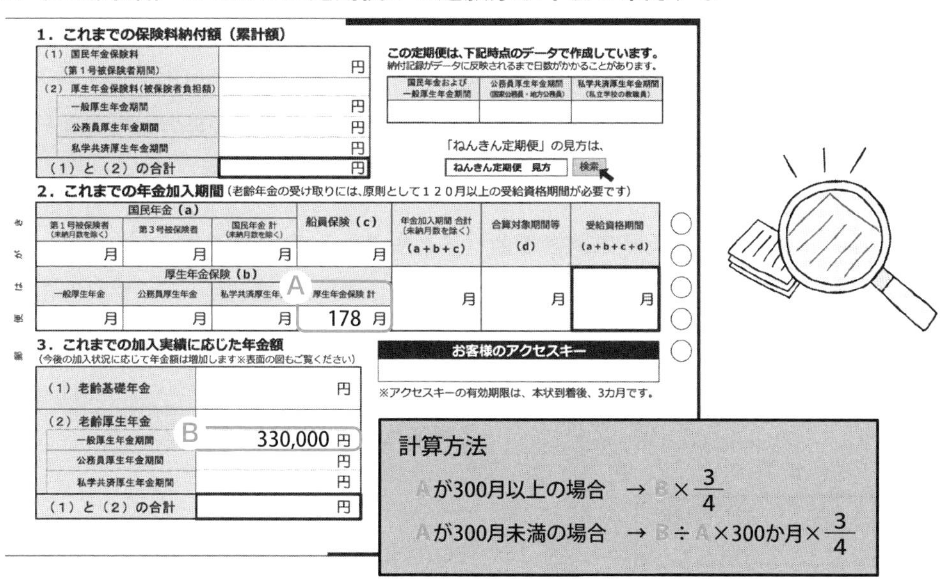

計算例：33万円÷178か月×300か月×$\frac{3}{4}$＝約41万7,130円（年額）

50 歳以上のねんきん定期便には、60 歳まで働き続けた場合の老齢厚生年金が記載されているので、それに 4 分の 3 を掛けると遺族厚生年金の目安を計算できます。ただし、まれに海外勤務が長く厚生年金の加入期間が 300 か月に満たないケースもあるので、その時は年金事務所で確認が必要です。

夫（50歳以上）のねんきん定期便から遺族厚生年金を確認する

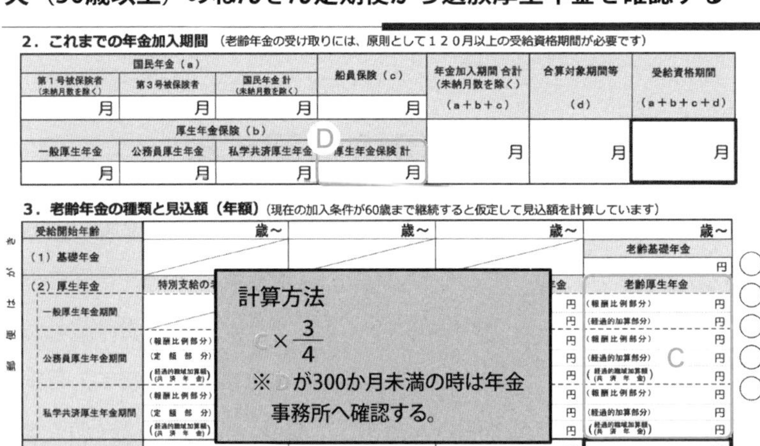

2．これまでの年金加入期間（老齢年金の受け取りには、原則として１２０月以上の受給資格期間が必要です）

国民年金（a） 第１号被保険者（未納月数を除く）	第３号被保険者	国民年金 計（未納月数を除く）	船員保険（c）	年金加入期間 合計（未納月数を除く）（a＋b＋c）	合算対象期間等（d）	受給資格期間（a＋b＋c＋d）
月	月	月	月			
厚生年金保険（b） 一般厚生年金	公務員厚生年金	私学共済厚生年金	D 厚生年金保険 計	月	月	月
月	月	月	月			

3．老齢年金の種類と見込額（年額）（現在の加入条件が60歳まで継続すると仮定して見込額を計算しています）

受給開始年齢	歳〜	歳〜	歳〜	歳〜
（1）基礎年金				老齢基礎年金 円
（2）厚生年金	特別支給の…		…金	老齢厚生年金
一般厚生年金期間			円 円	（報酬比例部分）円 （経過的加算部分）円
公務員厚生年金期間	（報酬比例部分） （定額部分） （経過的職域加算額（共済年金））		円 円 円	（報酬比例部分）円 （経過的加算部分） C 円 （経過的職域加算額（共済年金））円
私学共済厚生年金期間	（報酬比例部分） （定額部分） （経過的職域加算額（共済年金））		円 円 円	（報酬比例部分）円 （経過的加算部分）円 （経過的職域加算額（共済年金））円
（1）と（2）の合計	円	円	円	円

なお、子どもがいる場合、末子が 18 歳の年度末をすぎると遺族基礎年金の給付が終了し、妻が受け取るのは遺族厚生年金のみになってしまいます。その代わりに 65 歳になるまで中高齢寡婦加算が付きます。子どもがいない場合も、夫が亡くなった時の妻の年齢が 40 歳以上であれば 65 歳になるまで中高齢寡婦加算の給付があります。少々複雑ではありますが、時系列に見える化したのが次の図です。

会社員の夫が亡くなった時の遺族年金（子ども２人）の給付イメージ

※年額

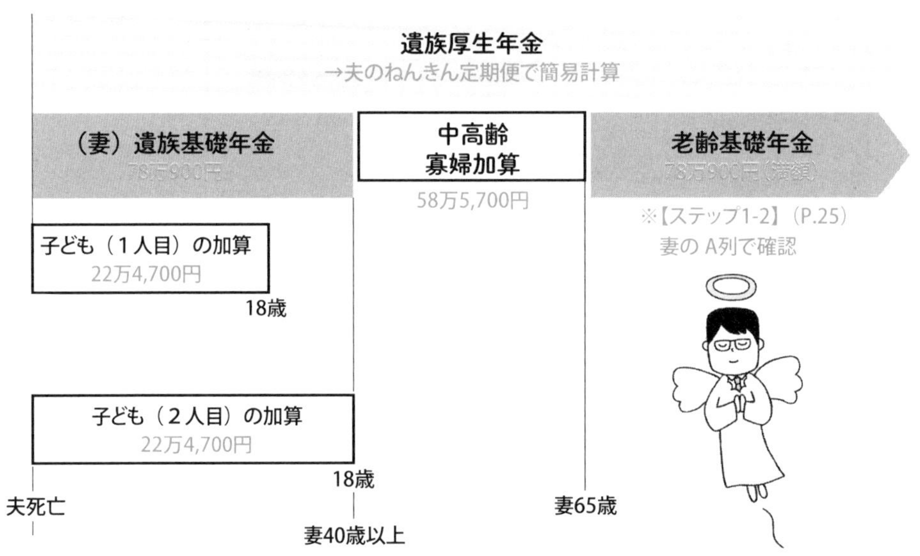

妻を亡くした夫が遺族厚生年金を受け取る要件

妻が亡くなった場合、夫が遺族厚生年金を受け取るのはかなり難しくなります。具体的には、妻の厚生年金加入期間が 25 年以上あること、妻の死亡時に夫が 55 歳以上であること、そして支給は夫が 60 歳からといった要件が付きます。なお、子どもがいれば夫が 55 歳未満でも子どもに遺族厚生年金の給付があります。共働き世帯の場合は、妻が亡くなると世帯の収入が減ってしまうので、遺族厚生年金を夫が受け取れるか確認しておきましょう。以上、遺族年金について見てきましたが、公的年金の制度は複雑なので、正確な支給額を確認したい時には最寄りの年金事務所へ問い合わせをしましょう。年金事務所の連絡先は日本年金機構のホームページ（**https://www.nenkin.go.jp/section/soudan/index.html**）に記載があります。

死亡時の企業内保障を確認する

公的保障の次に勤務先の死亡保障を調べます。住友生命が行った「企業の福利厚生制度に関するアンケート調査結果」（2019 年調査）によると、96.0% の企業に弔慰金や死亡退職金の支給制度があります。支給額は、勤続年数や役職によって決まったり全員一律だったりと、企業ごとにさまざまです。なお、弔慰金支給額の平均は、勤続 15 年で 322 万円、勤続 25 年で 362 万円といずれも 300 万円台ですが、最低額（平均）221 万円と最高額（平均）588 万円には 350 万円以上の開きがあります。また死亡退職金の支給額の平均は、勤続 15 年で 521 万円、勤続 25 年で 890 万円と弔慰金と異なり勤続年数によって開きがあります。

弔慰金と死亡退職金の違い

どちらも勤務先から支給されるお金ですが、税務上の扱いが異なります。弔慰金は非課税、死亡退職金はみなし相続財産として相続税の課税対象となります。

そのほか、残された家族へ遺族・遺児年金を支給している企業もあります。また、勤務先に企業年金制度があれば、残された家族に遺族給付金を一時金あるいは年金で支払うケースもあります。これら制度に関しては、会社に確認を行う必要があります。【ステップ 2-1】（P.39）で書き込んだ弔慰金や死亡退職金など死亡時にもらえる金額と差違がある場合は、【ステップ 2-1】を修正しておきましょう。

【ステップ4-1】
遺族年金を計算する

受け取れる遺族年金を計算する

ここでは、実際に受け取れる遺族年金を計算していきましょう。ここで計算する遺族年金は生命保険の必要保障額に使用します。

前節で見てきましたが、遺族年金には遺族基礎年金と遺族厚生年金があるので、自分が受け取れる遺族年金の種類と金額を確認していきます。

遺族厚生年金は、一生涯受け取れますが65歳までの計算としています。その理由は、65歳以降の遺族厚生年金は残された配偶者自身の老齢厚生年金との調整が行われることが大きな理由です。配偶者が死亡して子どもが独立したあとは、自分の老齢厚生年金の額を増やし遺族年金に頼らないことが大切だと考えます。

なお、高齢化が進む中、健康寿命が平均寿命に比べて10年程度短いことはご存じでしょうか？　そして、高齢期の就労が健康寿命も寿命も延ばす効果があるといった研究結果も示唆されています。健康で収入を得られたら一石二鳥ともいえます。

● 次のページの計算式の書き方

◆遺族基礎年金の計算：遺族基礎年金は18歳（年度末）までの子どもの人数に応じて受け取れます。子どもの人数に当てはまる行に記入します。例えば、子どもが22歳・15歳・10歳の場合、18歳までの子どもは15歳と10歳の２人ですから、「２人」の行を使用します。15歳の子を第１子として18歳になるまでの３年間は「２人で123万円」、それ以降は13歳となった末子が18歳になる５年間は「１人で100万円」と受け取る金額が変わります。この場合は左欄合計に869万円と記入します。

◆遺族厚生年金の計算：P.83、84を参照して年齢に応じた計算方法で算出します。妻が受け取る場合、子どもの有無にかかわらず支給されます。ただし、30歳未満の妻は５年間の限定支給です。いずれも夫によって生計を維持され、年収850万円（所得655.5万円）未満の要件を満たす必要があります。また、夫が受け取る場合、妻死亡時に55歳以上の夫であれば60歳から支給されます。ただし、60歳前で遺族基礎年金が支給されている期間には併せて支給され、その後改めて60歳から支給となります。

◆中高齢寡婦加算の計算：妻が受け取る老齢厚生年金に加算されます。子どもがいる場合、末子が18歳に達して遺族基礎年金が終了してから妻が65歳までの年数を記入します。子どもがいない場合は、40歳以上であれば受け取れますから、65歳までの年数を記入します。

【ステップ 4-1】配偶者が受け取る遺族年金を計算

遺族基礎年金を計算する

18歳以下の子ども※の数	第1子が18歳になるまでの年数	第1子が18歳以降、第2子が18歳になるまでの年数	第2子が18歳以降、第3子が18歳になるまでの年数	
1人	100万円 ×(　　)年 =　　　　万円	ー	ー	左欄合計 万円
2人	123万円 ×(　　)年 =　　　　万円	100万円 ×(　　)年 =　　　　万円	ー	左欄合計 万円
3人	130万円 ×(　　)年 =　　　　万円	123万円 ×(　　)年 =　　　　万円	100万円 ×(　　)年 =　　　　万円	左欄合計 万円

遺族基礎年金合計①
万円

遺族厚生年金を計算する

P.83、84 で計算した 遺族厚生年金を転記

万円 × 65歳になるまでの年数 (　　　) 年 = 遺族厚生年金合計② 万円

中高齢寡婦加算を計算する

※子ども：18歳到達年度末まで。
1級か2級の障害がある子どもは20歳に達するまで。

●18歳以下の子どもがいる場合

末子が18歳になってから
妻が65歳になるまでの年数

58万円 × (　　　) 年 = 中高齢寡婦加算合計③ 万円

●18歳以下の子どもがいない場合

◉妻が40歳未満の場合 ➡ もらえない

◉妻が40歳以上の場合

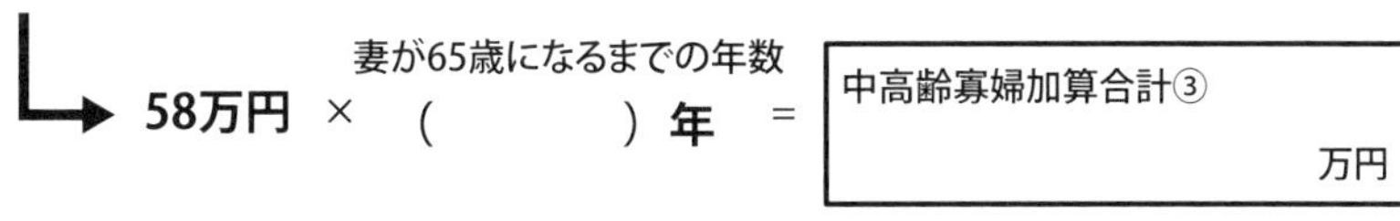

65歳までの遺族年金合計（①+②+③）
万円

【ステップ 4-2】（P.91）「公的保障」へ転記↑

【ステップ4-2】

民間の生命保険で備える必要保障額を計算する

必要保障額を確認する

前節では「既に持っている保障」を調べたので、ここではいよいよ民間の生命保険で備えておきたい必要保障額を計算していきましょう。必要保障額は次の図表を目安として考えます。

必要保障額の考え方

支出

- 残された家族の生活費
- 教育費
- その他（葬儀代など）

収入

- 公的保障（遺族年金）
- 企業内保障（弔慰金・死亡退職金など）
- 私的年金（iDeCo など）
- 貯蓄など金融資産
- 残された家族の収入
- 必要保障額

「支出」が「収入」より少なければ、必要保障額を生命保険で備える必要はありません。また、持ち家の住宅ローンで団体信用生命保険を掛けていて、家計の大黒柱が死亡した場合にはそのあとの住宅ローンの返済がなくなるといったケースでは、そもそも生命保険は要らない可能性もあります。P.91 の【ステップ 4-2】で必要保障額を計算しながら確認しましょう。

教育費の考え方

子どもの教育費は、進学プランによって大きく異なります。進路別の教育費については次ページの「〈資料〉教育費の目安」にある文部科学省と日本政策金融公庫の調査結果を参考にしてください。高校まで公立の場合は、月々の金額は家計で賄えるようにしておきましょう。また、中学から高校まで６年間私立へ進学する場合は公立の約2.5倍のお金が掛かります。さらに、大学では入学前の受験費用や入学しなかった学校への納付金なども含めて初年度に大きなお金が掛かるため、資金準備が必要です。

〈資料〉教育費の目安

幼稚園から高校までの教育費の目安

単位：万円

		幼稚園（３年間）	小学校	中学校	高校（全日制）
公立	教育・給食費	41.9	64.1	54.6	84.1
	学校外活動費	25.2	128.7	91.9	53.1
	合計	67.1	192.8	146.5	137.2
	１年間・一人当たり	22.4	32.1	48.8	45.7
		幼稚園	小学校	中学校	高校
私立	教育・給食費	108.7	571.1	322.6	215.7
	学校外活動費	49.7	388.1	99.4	75.3
	合計	158.4	959.2	422	291
	１年間・一人当たり	52.8	159.9	140.7	97

※学校外活動費は塾や習い事などの費用
出典：文部科学省「平成30年度子供の学習費調査」より筆者作成。

大学の教育費の目安

単位：万円

		1年	2年	3年	4年	合計
国公立	入学費用	77	ー	ー	ー	77
	学校教育費	105.8	105.8	105.8	105.8	423.2
	家庭教育費	9.2	9.2	9.2	9.2	36.8
	合計	**192**	**115**	**115**	**115**	**537**
		1年	2年	3年	4年	合計
私立文系	入学費用	95.1	ー	ー	ー	95.1
	学校教育費	143.2	143.2	143.2	143.2	572.8
	家庭教育費	8.9	8.9	8.9	8.9	35.6
	合計	**247.2**	**152.1**	**152.1**	**152.1**	**703.5**
		1年	2年	3年	4年	合計
私立理系	入学費用	94.2	ー	ー	ー	94.2
	学校教育費	183.3	183.3	183.3	183.3	733.2
	家庭教育費	8.9	8.9	8.9	8.9	35.6
	合計	**286.4**	**192.2**	**192.2**	**192.2**	**863**

※入学費用：受験費用、学校納付金、入学しなかった学校への納付金
※学校教育費：授業料、通学費、教科書代など
※家庭教育費：塾の月謝、おけいこごとの費用など
出典：日本政策金融公庫「令和2年度教育費負担の実態調査」より筆者作成。

● 次ページの上の表「支出」の書き方

◆「生活費」欄：【末子が独立するまでの生活費】（生活費欄の上段）と【末子が独立したあとの生活費】（生活費欄の下段）をそれぞれ計算します。

●【末子が独立するまでの生活費】（生活費欄の上段）

下の右側の空欄「残された家族の年間予想生活費」は、下の左側の空欄「現在の年間生活費」の金額から、配偶者が死亡して不要になる支払いを差し引いた金額を記入します。不要になる支払いとは、住宅ローンで団体信用生命保険を付けていれば住宅ローンの金額や配偶者のスマホ代、医療保険の保険料などです。もちろん食費なども減りますが、例えば残された妻（夫）が仕事を続けるため育児や家事をアウトソーシングするのであれば、その費用が発生する可能性もあり、残された家族の予想生活費は、多めに見積もっておいたほうがよいでしょう。計算結果は、次ページの生活費欄の①へ転記し、末子が独立するまでの年数（例えば末子が現在10歳で23歳から就職するのなら13年）も記入して、末子が独立するまでの生活費の合計額を計算します。

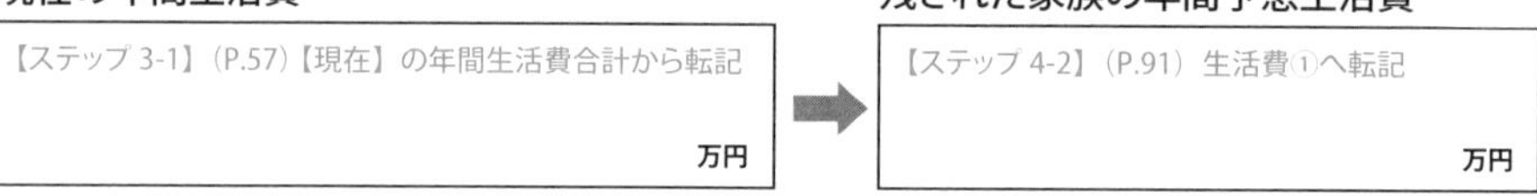

●【末子が独立したあとの生活費】（生活費欄の下段）

次ページの記載に沿って、末子が独立したあとに一人となった配偶者の生活費を計算します。

◆「教育費」欄：下の一番左の空欄「すべての子どもの教育費総額」は、前ページの「〈資料〉教育費の目安」を参考にして算出します。真ん中の空欄は【ステップ 3-5】（P.73）②「保険」から学資保険など準備しているお金を転記しますが、必ず解約返戻金ではなく保険金額を書いてください。

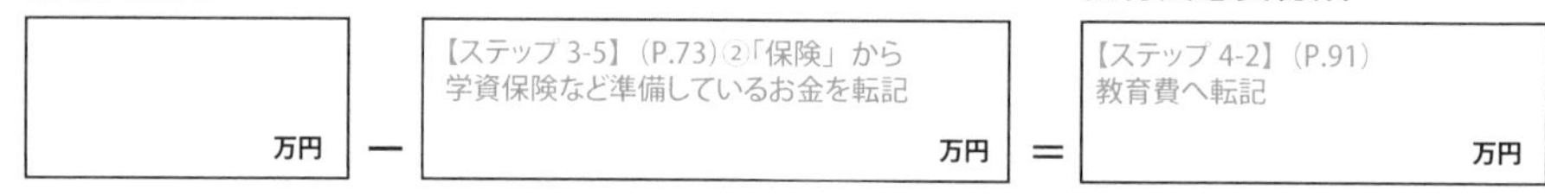

◆「その他」欄：葬儀に掛かる費用や、子どもの結婚援助、家のリフォーム、車代などその他の費用を記入します。葬儀代は地域や考え方によって異なりますが、葬儀平均費用は130万円程度（P.62を参照）です。その他の費用は、配偶者が亡くなったあとに車の買い替えやリフォームなどの支出を想定して記入しましょう。

● 次ページの下の表「収入」の書き方

◆「公的保障」欄：配偶者が65歳までに受け取る遺族年金の合計額を、次ページの記載に沿って記入します。

◆「企業内保障」欄：在職中に死亡した場合の勤務先から受け取る弔慰金や死亡退職金などの合計額を、次ページの記載に沿って記入します。

◆「個人年金」欄：老後のために自助努力で準備してきたiDeCoや財形年金などの合計額を、次ページの記載に沿って記入します。

◆「資産」欄：【ステップ 3-5】（P.73）①「貯蓄（預貯金・投資信託・株式など）」の貯蓄合計を転記します。

◆「収入」欄：残された配偶者の予想手取り年収と、残された配偶者の今後働く予想年数を記入し、残された家族の収入を計算します。今は扶養内で働いている場合は、厚生年金への加入を目指し、その場合の年収を考えてみましょう。また、働く年数は、今後は意欲があれば70歳まで働ける環境が整っていくでしょうから、無理のない範囲で高めの年齢を記入してみましょう。

【ステップ 4-2】65歳までに民間の保険で備える「必要保障額」を計算

支出（配偶者が亡くなったあとに出ていくお金）

生活費	【末子が独立するまでの生活費】 （①　　　万円）×末子が独立するまでの年数（　　　年） ※①はP.90の「残された家族の年間予想生活費」から転記	万円
	【末子が独立したあとの生活費】 残された配偶者の年間予想生活費（②　　　万円）×65歳－末子独立時の残された配偶者の年齢（　　　年） ※②は上段①の７割程度にする	万円
教育費	すべての子どもの教育費必要総額 ※P.90の「すべての子どもの教育費必要総額」から転記	万円
その他	葬儀代や、子どもの結婚援助、家のリフォーム、車代など	万円
	配偶者が亡くなったあとに出て行く支出合計	①　万円

収入（配偶者が亡くなったあとに入ってくるお金）

公的保障	遺族年金（65歳までの合計額） ※【ステップ4-1】（P.87）「65歳までの遺族年金合計」より転記	万円
企業内保障	弔慰金・死亡退職金など ※【ステップ2-1】（P.39）より転記	万円
個人年金	準備してきた個人年金 ※【ステップ2-2】（P.47）より転記	万円
資産	預貯金・投資信託・株式などの貯蓄 ※【ステップ3-5】（P.73）①「貯蓄（預貯金・投資信託・株式など）」の貯蓄合計を転記	万円
収入	【残された配偶者の今後の予想収入総額】 残された配偶者の予想手取り年収（　　　万円）×今後働く予想年数（　　　年）	万円
	配偶者が亡くなったあとに入ってくる収入合計	②　万円

民間の保険で備える必要保障額

配偶者が亡くなったあとに入ってくる収入合計②		配偶者が亡くなったあとに出ていく支出合計①		必要保障額
万円	－	万円	＝	万円

生命保険を見直す時に注意すること

- □必要な保障を過不足なく確保する
- □保険料を減らす方法を知る
- □保険を見直す時の注意点をチェック

保障は多すぎても少なすぎてもNG

生命保険の必要保障額を計算したので、次は現在加入している保険の保障額と比べてみましょう。のちほど加入している保険内容については書き出しを行いますが、保障が過不足すると家計にとって次の図のような不都合が生じます。なお、生命保険に一つも加入していない世帯の場合、残された家族が経済的に困らず生活していければ問題ありません。

生命保険の保障額は家計に直結

保障が多すぎると……

支払う保険料が多くなる

保障が少なすぎると……

残された家族の生活が守れない

保険料を減らす方法

必要保障額に対して加入している保障が大きすぎる場合、見直して保険料を削減しましょう。方法はいくつかありますが、まずは不要な特約を解約することで保険の保障額を減らし保険料を削減します。また、もっと割安な保険に入り直すこともちろん効果があります。例えば、勤務先の団体保険を利用できれば個人契約より保険料は割安です。さらに、保険契約の収支で剰余金が生じた場合、配当金として還元されるため実質の保険料負担が下がります。ただし、退職したら保険を継続できない可能性が高いので注意も必要です。利用できる人は加入を検討したい保険といえます。

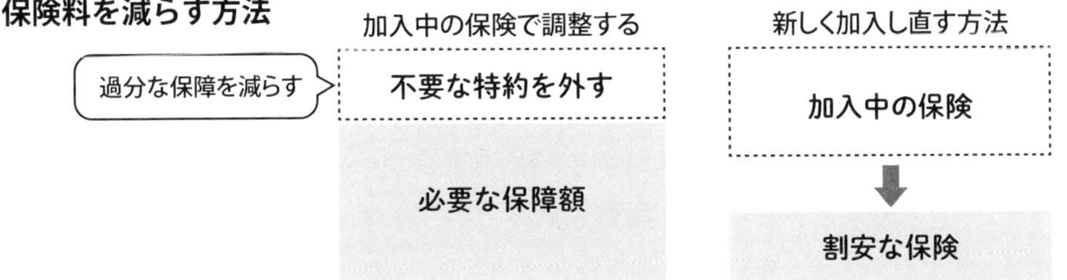

保険には見直すタイミングがあります。具体的には、結婚時、マイホーム購入時、出産後、子どもの独立後などライフスタイルや家族構成が変化する時です。例えば、マイホームを購入すると一般的には死亡保障が付いた団体信用生命保険へ加入することになるので死亡保障を減らすことを検討をします。ほかにも、末子が独立して教育費が掛からなくなった時にも死亡保障を再検討するなど、保険は一度加入しても生活の変化に合わせた見直しが大切です。

保険を見直す時の注意点

まず、加入中の保険を解約して新しく保険に入り直す時には、注意が必要です。現在の健康状態によっては新しい保険に加入できない可能性があるからです。そのためには、新しい保険の保障が開始してから、加入中の保険を解約することが重要です。また、貯蓄型保険は保険料が掛け捨てになりません。掛け捨て型と比べて保険料が高く家計の負担になることもありますが、貯蓄型の保険を解約する場合、解約時期によっては払込保険料が解約返戻金を下回る可能性があります。その時は、「払い済み」に契約を切り替えることで対応できます。払い済みとは、現在契約している保険の保障期間を変えずに、「保険料の支払いを済ませること」で、「払い済み保険にする」などといいます。その仕組みは、まだ保険料の払込期間が終わっていない保障を以後の払い込みを中止して、払い込みしない代わりに受け取る保険金額を下げた保障内容に変更することです。「学資保険や外貨建て保険を見直したいが途中で解約すると損をしてしまう」といった相談も多く寄せられますが、すぐに使わない資金であれば払い済みにすることで保険料の支払いを減らすことができます。その時は、解約せずに保障を続ける選択も考えてみてください。

医療保険を見直して家計をスリム化〈医療保障編〉

□既に持っている医療保障の内容を確認する
□企業内保障の付加給付を確認する
□保険がきかない医療費もある

病気やけがの保障はどう備えたらいいの？

病気やけがをした時の治療費が不安で、民間の医療保険やがん保険に加入している人は多いです。医療保険に月１万円程度払っている人を見かけますが、生命保険と同じく保険の入りすぎには注意が必要です。医療保険も既に持っている保障（公的保障と企業内保障）を調べることから始めましょう。

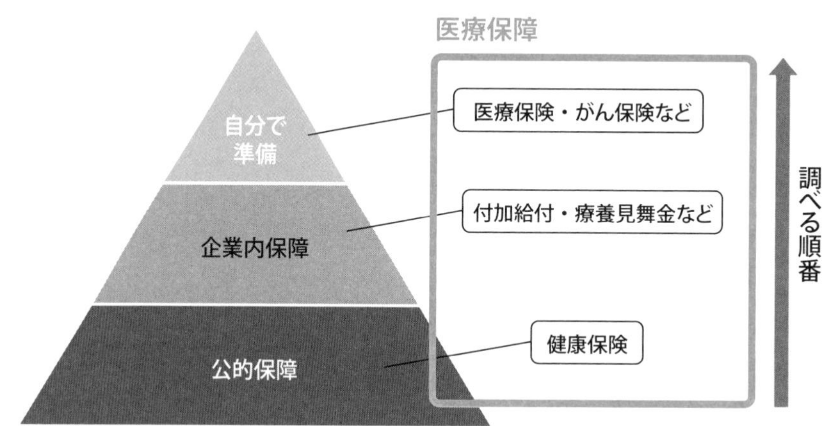

公的な保障を確認する

病気やけがで病院に掛かる場合、６歳（就学）以上 70 歳未満であれば健康保険証を提示すると３割の自己負担で済みます。また、３割といっても手術や入院をすると医療費が高額になることがあります。このような場合には「高額療養費制度」を利用することで自己負担を抑えることができるのです。具体的には、病院や窓口で同一月に支払った金額が高額になった場合、一定の金額（上限額）を超えた分があとから払い戻されます。なお、所得に応じて上限額は異なるので、【ステップ4-3-1】(P.97)で実際に自分の上限額を調べてみましょう。

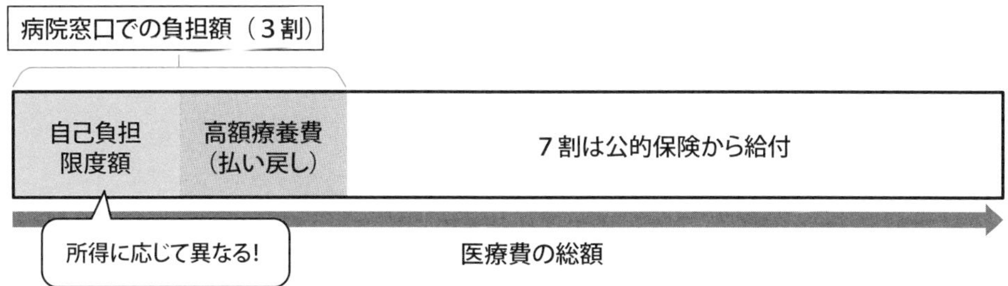

また、医療費以外の給付についても知っておきましょう。会社員や公務員が加入する健康保険は、病気やけがで仕事を休んで給与が出ない場合、所得補償として4日目から最長1年6か月まで給与の3分の2がもらえる「傷病手当金」という制度があります。これは国民健康保険にはない制度（任意給付）ですから、自営業など国民健康保険に加入している場合は、自助努力で備える必要があります。

企業内の保障を確認する

会社員の場合、勤務先の健康保険によっては上乗せ給付を受けられる可能性があります。「付加給付」といい、例えば「1か月の自己負担額は所得にかかわらず自己負担2万円」という具合です。高額な医療費が掛かったとしても月2万円で済めば民間の医療保険は必要ないかもしれません。なぜなら、医療保険から給付金を受け取れるのは、基本的に「入院か手術をした時」だけだからです。健康保険の給付内容の調べ方は健康保険組合のホームページなどに記載があれば確認できますし、わからない時には勤務先の総務など担当部署に直接聞いてみましょう。

保険がきかない医療費に注意

公的な健康保険にも対象外の費用があります。例えば、入院時の食事代の一部負担や患者が希望した場合の差額ベッド代、先進医療の技術料などは全額自己負担です。病院までの本人あるいは家族の交通費も掛かりますから、これらの費用は預貯金あるいは民間の医療保険で備える必要があります。

【ステップ4-3】
既に持っている医療保障を確認する

公的保障と企業内保障を確認する

ここからは、実際に自分が持っている医療保障を確認していきます。例えば、一月100万円の医療費が掛かった時には高額療養費制度の利用ができます。その際の自己負担限度額は収入などにより異なるので、次ページの上の表【ステップ4-3-1】から100万円の医療費が掛かった時の自分の限度額を計算してみましょう。また、健康保険組合に加入している人は独自の付加給付も確認し、次ページ下の表の【ステップ4-3-2】に記入します。

●【ステップ4-3-1】（次ページ上）の書き方

〈用意するもの〉直近のねんきん定期便、または電子版ねんきん定期便。

①次ページのねんきん定期便の画像A欄で、直近の「標準報酬月額」を確認します。

②次ページの表「B所得区分」の列から、A欄で確認した標準報酬月額が当てはまる行の「自己負担限度額」の計算式を見つけて、その式のとおりに計算します。

③表の下の記入例を参考に、「100万円の医療費が掛かった時の一月当たりの自己負担限度額」の空欄に自分の自己負担限度額の数字を記入していきます。

●【ステップ4-3-2】（次ページ下）の書き方

一番下の表「企業内保障の記入例」を参考にして記入していきましょう。調べる方法は、主に次のようなものがあります。

- 健康保険組合に確認する
- 福利厚生制度や共済会のハンドブックで確認する
- 勤務先のイントラネットに掲載されている内容を確認する

支給元は、健康保険組合や労働組合、共済会などで多岐にわたる場合もあるでしょう。付加給付は健康保険組合で自動計算して払い戻ししてもらえる場合もありますが、自分で申請しないと支給されないこともあるので、面倒でもしっかりと確認をしておきましょう。

【ステップ 4-3-1】100万円の医療費が掛かった時の自己負担限度額を計算

最近の月別状況です

下記の月別状況や画面の年金加入期間に「もれ」や「誤り」があると思われる方、特に、転勤・転職が多い場合、姓（名字）が変わったことがある場合などは、お近くの年金事務所にお問い合わせください。

A

記入例：標準報酬月額41万円

※ねんきん定期便より

B　所得区分	自己負担限度額（一月当たり）
年収約1,160万円～ 標準報酬月額；83万円以上	25万2,600円＋（医療費－84万2,000円）× 1 %
年収約770万～約1,160万円 標準報酬月額；53万～79万円	16万7,400円＋（医療費－55万8,000円）× 1 %
年収約370万～約770万円 標準報酬月額；28万～50万円	8万100円＋（医療費－26万7,000円）× 1 %
～年収約 370万円 標準報酬月額；26万円以下	5万7,600円
住民税非課税者	3万5,400円

記入例

8万100円 ＋（100万円－ 26万7,000円 ）× 1 %＝ 8万7,430円

100万円の医療費が掛かった時の一月当たりの自己負担限度額

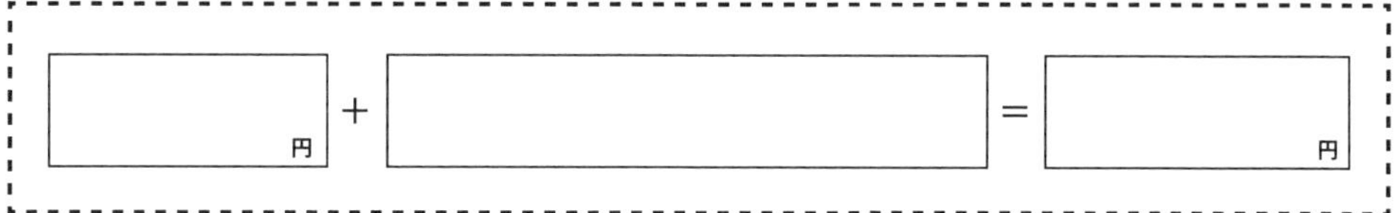

出典：厚生労働省保険局、日本年金機構の HP より筆者作成。

【ステップ 4-3-2】企業内保障を記入

制度	支給元	内容

〈企業内保障の記入例〉

制度	支給元	内容
高額療養費の付加給付	健康保険組合	自己負担額が月２万円を超えた時に支給
公私傷見舞金	共済会	月5,000円
入院差額ベッド料補助	共済会	１日上限（本人5,000円、扶養家族 4,000円）、 ４日目から150日間まで支給

【ステップ4-4】

死亡保障と医療保障を書き出す

加入している保険を書き出して不要な保障を削る

第4章のここまでは、既に持っている死亡保障と医療保障を確認してきました。そこでここでは、それらの情報をまとめる意味で、自分が現在加入している保険を次ページの【ステップ4-4】に一覧にしてみましょう。

死亡保障については、P.91で残された家族の必要保障額について計算を行いました。また、医療保障の必要額を考える時に参考になるのが前ページで計算した一月当たりの自己負担限度額です。例えば、限度額が8万7,430円の場合、1日当たりで換算すると約3,000円の負担額になります。健康保険がきかない入院時の食事代や日用品、家族の交通費などを考慮すると、民間の保険は入院日額5,000円あれば十分かもしれません。なお、企業内保障に付加給付があれば自己負担額は減ります。このように、自分が既に持っている保障を確認して、貯蓄で十分、あるいは民間の保険に加入が必要かを検討しましょう。

その際は、民間の保険以外で勤務先の団体保険や共済も確認するといいでしょう。なぜなら剰余金（P.92を参照）があれば配当金として還元されるため実質の保険料負担が下がるメリットがあるからです。一方で保障内容を柔軟に選べないなどデメリットもあります。どちらがよいかは考え方にもよるので内容を比較して、納得した保障を選びたいところです。

● 次ページの表の書き方

次ページの一番下にある記入例を参考に、保険の被保険者（保障を受ける人）ごとに加入中の保険を書き出します。「保険の種類」「保険会社」「死亡保障額」「医療保障額」「その他（特約など）」「保険料」は保険証券に記載してある内容を記入します。「加入目的」はその保険が必要な理由を考えて記入します。

すべて記入したら「死亡保障額」と「医療保障額」の合計をそれぞれ算出します。P.91【ステップ4-2】必要保障額とP.97【ステップ4-3-2】で確認した保障額から過分な保険がないかチェックをして見直しをします。

【ステップ 4-4】加入中の保険を書き出す

被保険者：

保険の種類	保険会社	加入目的	死亡保障額	医療保障額	その他 (特約など)	保険料
			万円	万円		円
			万円	万円		円
			万円	万円		円
			万円	万円		円
			万円	万円		円
合計			万円	万円		

↑保障に過不足がないかチェック。
死亡保障額は【ステップ 4-2】(P.91) で確認
医療保障額は【ステップ 4-3-2】(P.97) で確認

被保険者：

保険の種類	保険会社	加入目的	死亡保障額	医療保障額	その他 (特約など)	保険料
			万円	万円		円
			万円	万円		円
			万円	万円		円
			万円	万円		円
			万円	万円		円
合計			万円	万円		

↑保障に過不足がないかチェック。
死亡保障額は【ステップ 4-2】(P.91) で確認
医療保障額は【ステップ 4-3-2】(P.97) で確認

〈記入例〉

保険の種類	保険会社	加入目的	死亡保障額	医療保障額	その他 (特約など)	保険料
終身	○○生命	夫の死亡・ 医療保障	2,500万円	入院日額5,000円 (60 歳まで)	がん入院1万円 (10年更新)	1万5,000円

住宅費を見直す

- □賃貸住まいは家賃引き下げの交渉も考える
- □マイホームの購入は熟考して慎重に
- □住宅ローンの見直しを検討する

賃貸住まいの人が考えておきたいこと

住居費を削減する場合、賃貸であれば住み替えをして毎月の家賃を下げることが可能です。ただし、住み替えには引っ越しなどのコストが掛かります。その点も考慮して大きく家賃を下げることができないのであれば、更新時に家賃引き下げの交渉にトライしてみてもいいでしょう。また、長い目で見ると家賃を払い続けるのであれば、マイホーム購入を検討することもあるでしょう。マイホームは「人生最大の買い物」ですから、熟考を重ねて決めることです。「いくらの物件が買えるか？」ではなく、「いくらまでお金を掛けるか？」が重要になります。

多額なローンを組んだことでリタイア時に残債が残るのは避けたいところです。退職一時金を使わざるを得ず、老後の生活資金を減らしてしまうリスクにも繋がります。現在の資産状況や今後の収入、子どもの教育費など将来掛かるであろう大きな支出を考慮して、リタイアまでにローン完済できる範囲内で考えるべきです。

また、「そもそもマイホームを購入する必要があるのか？」という問題があります。例えば、転勤や転職が多い職業で同じ場所に住み続けることができない可能性がある、あるいは一人っ子で親が持ち家なので将来相続するかもしれない、などさまざまな選択肢についても考えておきましょう。最終的に購入する結論を出した場合でも、将来売却できそうか、まで検討した上で物件選びをしたいところです。

住宅ローンがある人が考えておきたいこと

住宅ローンを返済中であれば、ローンの見直しをしましょう。見直しには、ローン

を繰上げて返済する「繰上げ返済」と、返済総額を減らす「借り換え」の方法があります。中でも毎月の返済額を減らせる可能性があるのが借り換えです。借り換えの仕組みは、「新たな金融機関」でローンを組み直して、現在借りている住宅ローンを一括返済することになります。現在、借り入れ中の住宅ローン金利が高い、あるいは数年後に適用金利が上がる場合、「より低いローン金利」への借り換えを検討してみましょう。

住宅ローンの借り換えのイメージ

現在の状況
- 当初の借り入れ金額：4,000万円
- 当初の借り入れ期間：35年間
- 金利タイプ：固定2.5%
- 毎月の返済額：約13.2万円

継続した場合
- 残存期間：25年間
- 金利タイプ：固定2.5%
- 毎月返済額：約13.2万円

借り換えした場合
- 借り入れ期間：25年間
- 金利タイプ：固定1.08%
- 毎月：約11.9万円

借り換えで
毎月約1.3万円
支出削減になる

借り換え手数料もチェック！

上の図は借り換えで毎月の返済額を減らせた例ですが、借り換えには「諸費用」が発生するので注意が必要です。諸費用には、融資手数料や保証料、印紙税、利用中の住宅ローンを完済するために必要な手数料、住宅ローンの担保となる物件の抵当権を変更するための手数料など多岐にわたります。数十万円単位で掛かるケースもあるため、諸費用を含めた負担軽減効果を見込めるか検討する必要があります。

考え方としては、借り換えをした場合の返済総額に諸費用を加えた合計額が、現在借りているローンの返済総額より少なければ借り換えメリットがあることになります。借り換えには金融機関に出向くなど手間も掛かりますから、総合的に考えて判断しましょう。

なお、借り入れ中の金融機関に金利引き下げの交渉をしてみることも一つの方法です。「条件変更」といわれるもので、交渉が上手くいく可能性は低いものの、交渉自体にはお金は掛かりません。上手くいけば借り換えより少ない費用で済むのでトライしてみる価値はあります。

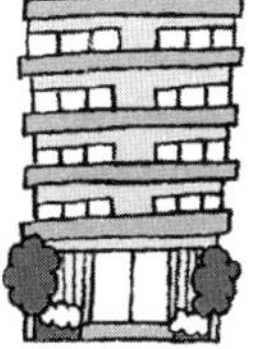

【ステップ4-5】
通信費と車費を見直す

一月の通信費を見える化して削減する

通信費の見直しも支出削減に効果大です。一度見直せば手間いらずで翌月から継続した節約ができます。特にスマホ代が1人7,000～8,000円ぐらい掛かっている場合は、見直して半分以下にできるケースも。家族3人で1か月1万円の削減だと年間12万円、10年で120万円の支出を減らせます。また、見直し後も定期的な確認をすることです。加入時は割引がついて安かったはずなのに、いつの間にか倍以上になっていたということもあります。スマホの契約プランはたびたび変わるので、新プランに変更すれば支払いを減らせるかもしれません。それには現状の使用状況を把握しておくことが大切です。そして、この機会に家の中のすべての通信料を一覧化しておきましょう。あまり使っていないサービスは解約して様子を見ることも一つの方法です。例えば、テレワークが進み外出する機会が減れば、タブレットやポケットWi-Fiを解約したとしても、家の中のWi-Fiやスマホのテザリングで代用できるかもしれません。次ページの上表【ステップ4-5-1】に書き出して、削減できるポイントを探してみましょう。

車の年間支出を計算する

自家用車の所有には、維持に掛かる費用やガソリン代など関連費用がかさみます。住む地域によっては移動の足として必需品かもしれませんが、都市部では「カーシェアリング」を利用して、所有しないという選択もあります。

まずは、次ページの下表【ステップ4-5-2】で自家用車の年間支出を確認して1か月当たりの支出を計算してみましょう。必要な時だけタクシーやレンタカーを利用した場合と比較検討して、手放すことも考えてみてはいかがでしょうか。また、持ち続ける時は、維持費削減に努めましょう。例えば、任意保険を通販型に変更するだけでも年間数万円の保険料を削減できる可能性があります。さらに、車両保険の解約でも保険料は下がるので、必要最低限の補償のみに変更するなど検討しましょう。

【ステップ 4-5-1】通信費に掛かる一月当たりの合計額を計算

項目		金額	内容
固定電話の基本料		円	内容
ネットのプロバイダー料金		円	内容
有料テレビ・動画配信の視聴料		円	内容
タブレット、ポケット WiFi などの通信料		円	契約内容と月使用量
スマホ代（1人分）	機器代金	円	ローン残り（　　回）
	基本料	円	内容
	通話料	円	契　約（　　分） 月平均（　　分）
	通信料	円	契　約（　　GB） 月平均（　　GB）
	オプション料	円	契約内容
自分以外のスマホ代合計		円	←家族がいる場合は、家族の合計額を記入
一月当たりの支出合計		円	

【ステップ 4-5-2】車に掛かる年間支出を計算

項目	金額
車の購入価格	（　　万円）÷ 使用年数（　　年）＝（　　万円）
車検代	（　　万円）÷ 2年 ＝（　　万円）
自動車税	万円
任意保険	万円
駐車場代	万円
その他（1年法定点検など）	万円
ガソリン代	万円
合計（年間当たり）	万円
一月当たりの支出合計（年間支出 ÷12 か月）	万円

定年時に住宅ローンが残った場合の対策

国土交通省が集計している「令和２年度住宅市場動向調査報告書」によると、三大都市圏でマイホームを初めて購入する人の平均年齢は、40歳前後です。

分譲マンションや注文戸建住宅など、住居の種別で年齢の差異はありますが、概ね39歳とすると、35年間の住宅ローンであれば完済した時点で74歳になります。現在30代や40代であれば、定年時に住宅ローンが残らないように計画的に繰上げ返済を行うなど、長期間で残債を減らす対策が考えられます。

その一方で心配なのは、現在50代でバブル期に高値で住宅を購入し、今も多くのローンが残っている人です。具体的には定年時に2,000万円以上のローンが残る、あるいは定年後の年収に対してローン返済額が5割以上になる場合は要注意です。

定年まで10年を切っているのであれば、定年時のローン残高を確認して、まずは次に挙げる選択肢をチェックしましょう。

定年時に住宅ローンを残さないための対策

- **全額を繰上げ返済：**退職金などでまとめて返済する。ローンの返済負担がなくなるが、老後資金が不足するリスクがある
- **一部を繰上げ返済：**退職金などで一部を返済する。返済負担をある程度減らし手元資金を温存できるが、ローンが残る
- **借り換え：**より低金利のローンに変更する。返済負担は減るが、借り換えコストが高い・審査が通らないこともある
- **リバースモーゲージ：**自宅を担保に資金を借り入れる融資制度。返済は利息のみで毎月の負担は減るが、一般的な住宅ローンに比べて高金利
- **住み替え：**自宅を売却して転居する。ローンの返済負担がなくなるが、自宅の資産価値が高くないと実現困難

自宅の資産価値が高ければ、リバースモーゲージや住み替えも選択肢に入ります。

それぞれ一長一短があるので、「自分の場合はできそうか？」も確認しておきましょう。なお、自分にとってのベストな対策については、老後の生活設計を得意とするＦＰなどの専門家に相談するのも有効な選択の一つです。

第5章

老後に足りないお金を準備しましょう

〈会社員編〉収入を増やす方法

- □収入を増やすポイントを知る
- □長く働いて増やせる年金額を知る
- □学生時代の年金納付状況をチェックする

会社員ができる収入の増やし方

前章では家計をスリム化して支出を減らすことで、家計を健全化する方法をお伝えしてきました。次に取り組むことは収入を増やすことです。会社員が取り組みやすい収入を増やす方法は、次に挙げるようにいろいろあります。

収入を増やす方法

- 出世する
- 転職する
- 副業する
- 経営者になる
- 長く働く
- 夫婦で共に働く
- 制度を利用する

例えば、出世や転職で今より給料を増やしたり、副業で複数の収入源を持ったり、起業や独立をして経営者になったりすることで収入を増やすというのはイメージがしやすいのではないでしょうか。そのほかにも、長く働くことで収入を増やすこともできます。2021年4月に高齢者雇用安定法が施行され、すべての企業に70歳まで働く機会を確保するよう努力義務が課せられました。給与はそれまでより少なくなるかもしれませんが、長く働いて収入を得ることで、収入ゼロの老後期間を短くすることができます。

また、扶養内の配偶者が働いて共働きにすることや、制度を利用して手取り収入を増やすことも効果的に収入を増やす方法です。具体的に見ていきましょう。

会社員が収入を増やすポイント

会社員は厚生年金に加入していますから、給料が上がることや長く（最長70歳まで）働き続けることは、目の前の収入が増えるだけでなく、老後に受け取る老齢厚生年金も増えることを意味します。

実際にどのくらいの年金額を増やすことができるのか次の計算式で計算してみましょう。P.20の「ねんきんネットで詳細な年金見込額を確認する方法」では、ねんきんネットで確認する方法をお伝えしましたが、自分の手計算で簡易に算出できる以下の方法も知っておきましょう。

長く働くことで増やせる老齢厚生年金額を計算

60歳以降の平均年収（　　　　万円）×0.55%×働く年数（　　年）=（　　　　万円）

●計算例：60～64歳の5年間を平均年収240万円で働く場合の計算式：
平均年収（240万円）×0.55%×働く年数（5年）=（6万6,000円）
※65歳から年間6万6,000円、受け取る年金額が増える。

上の計算例を参照すると、60歳から5年間、平均年収240万円で働くと65歳から受け取る老齢厚生年金は1年当たり6万6,000円増えます。90歳まで受け取った場合は25年間で165万円ですから、まとまった金額になります。

老齢厚生年金は一生涯受け取るものなので「厚生年金に加入して働くこと」を意識しておきましょう。というのも、定年後に働くペースを落として短時間勤務になると、厚生年金の適用から外れる可能性があります。短時間勤務が一概によくないとはいえませんし、厚生年金に加入しないことが「正しくないこと」でもありません。大切なことは、自ら選択したことがどのような影響を与えるのかを知った上で選択することです。

学生時代などの年金未払い分を穴埋めして年金額を増やす方法

現在、50歳以上の人に多く見られるのが、20歳以上の学生時代の年金未納です。実は、20歳以上の人に国民年金の加入義務が生じたのは1991年4月からです。それまでの加入は任意でした。そのため収入のない学生時代は年金に加入しておらず、その分老齢基礎年金の受給額が少なくなっている人はかなりいると感じています。また、本人がそのことに気づいていないことも気になります。まずは、老齢基礎年金の受給見込額をチェックしてみましょう。50歳以上の人はP.17の【ステップ1-1-2】の「①老齢基礎年金」を確認しましょう。老齢基礎年金の満額は約78万円ですが、40年間の納付済期間がないと満額受給できません。

未納月数については、次の方法でねんきんネットから確認できます。

ねんきんネットで年金記録を確認する方法

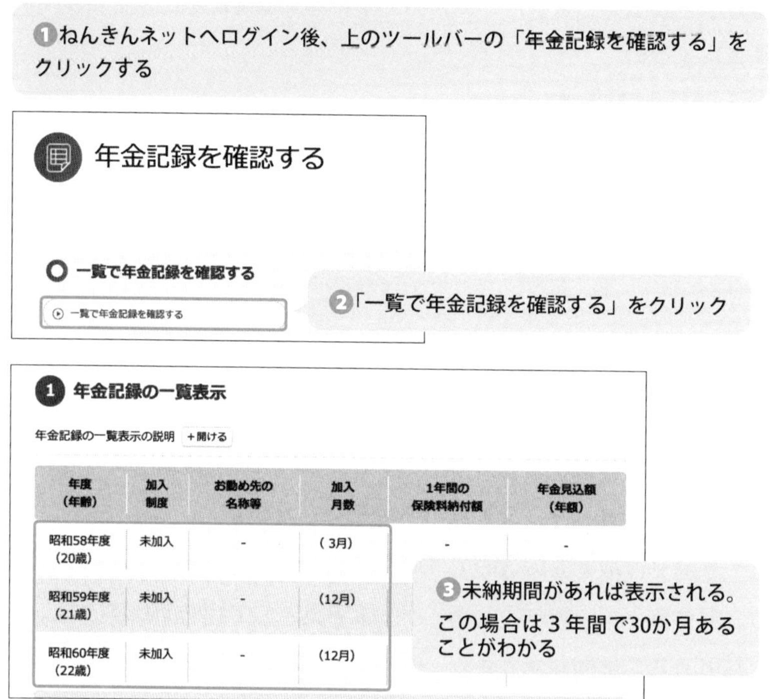

年度（年齢）	加入制度	お勤め先の名称等	加入月数	1年間の保険料納付額	年金見込額（年額）
昭和58年度（20歳）	未加入	-	（3月）	-	-
昭和59年度（21歳）	未加入	-	（12月）		
昭和60年度（22歳）	未加入	-	（12月）		

上の画像を参照すると20～22歳の30か月が未加入のため、その分減額になります。1年の未加入で老齢基礎年金の受取額は約2万円減ってしまいます。つまり、30か月（2年半）未加入の場合は、年間で約5万円、65～90歳までの25年間では、総額約125万円の減額になります。長生きするほど大きな額になりますから、未加入で減額になってしまう分を満額まで効率的に増やす方法についても押さえておきましょう。

具体的な方法は、60歳以降も働いて厚生年金に加入することです。すでに前ページで60歳以降に厚生年金に加入して働くことで老齢厚生年金を増やせることをお話ししましたが、合わせて老齢基礎年金の減額分を穴埋めする効果もあるのです。

というのも20歳以前と60歳以降の厚生年金の加入については、上限480か月まで老齢厚生年金の「経過的加算」の加算額が付くので、大きく年金額がアップするからです。

経過的加算は20～60歳にも付きますが、次図のとおり60歳以降はより大きな額になります。60歳時点で厚生年金の加入期間が480か月に満たない人は要チェックです。

60歳以降も厚生年金に加入すると、経過的加算額が増える一例

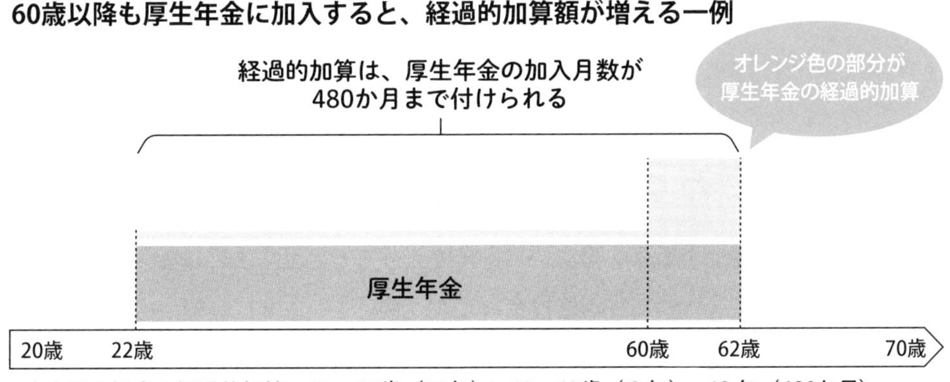

◆上図の場合の経過的加算：22～60歳（38年）＋60～62歳（2年）＝40年（480か月）

対象になる可能性が高い人は、国民年金の加入期間（第1号被保険者や第3号被保険者）がある人、国民年金の未納期間がある人、初めての就職が20歳以降の人、転職等で年金加入の空白期間がある人などです。

前ページで確認した自分の年金記録を元に、次の経過的加算額の計算式に沿って計算してみましょう。

> **経過的加算額の計算式（2021年度）**
>
> A：1,628円 × 厚生年金加入月数（上限480か月）
>
> B：78万900円 ×20歳以上60歳未満の厚生年金加入月数 ÷480か月
>
> ●**経過的加算額＝A－B**

上の計算式のAにあるように、厚生年金加入月数は480か月（40年間）まで加えることができます。Bの月数は60歳以降増えません。つまり、学生時代に30か月の未加入期間があればAの部分を4万8,840円（1,628円×30か月）まで増やすことができるのです。この金額はほぼ老齢基礎年金の減額分と等しいため穴埋め効果があります。なお、50歳未満で学生時代の納付を猶予から10年以上経ってしまった人にも当てはまるので、諦めずにねんきんネットで納付状況を確認しましょう。

〈扶養編〉収入を増やす方法

□扶養の種類と壁を知る
□社会保険の壁には注意する
□扶養期間が長いと年金増額のメリットがある

配偶者の働き方と家計への影響

夫や妻など共に働いて収入を得ている世帯であっても、世帯主の扶養内で収まるように働き方の調整をしている配偶者は多いように感じています。実際の相談現場でも扶養についての悩みは尽きません。「損をしたくない、どうすればいいのか？」の答えは、「扶養の壁」を正しく理解して長期的に世帯収入にプラスとなる働き方を選択することです。一口に扶養といっても「税制」と「社会保険」の二つの扶養があり、世帯主の税金、配偶者の税金と社会保険料へ影響が出てきます。

ただし、世帯主が高収入で年間の給与が 1,220 万円以上になると世帯主の税金への影響はなくなります。配偶者控除、配偶者特別控除がゼロになるためです。その場合は、配偶者の税金と社会保険を考慮するだけで済みます。

配偶者の働き方と税金・社会保険の関係

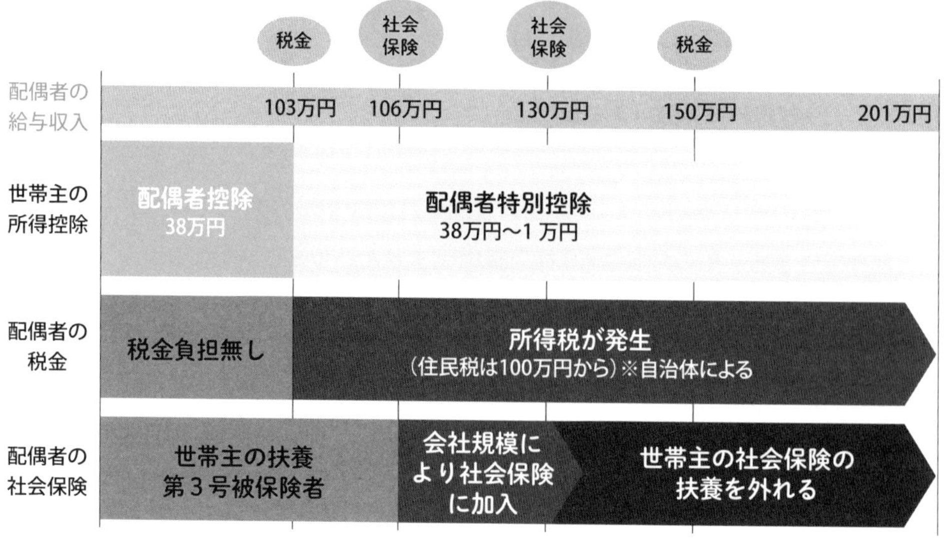

税金の扶養の壁はそれほど怖くない

家計への影響がもっとも少ないのは、給与収入 103 万円以内で働くことです。世帯主は 38 万円の配偶者控除を利用できるので、所得税率を掛けた金額分の節税ができます。世帯主の節税額は、配偶者の年収が 150 万円を超えると段階的に減って 201 万円を超えるとゼロになりますが、家計全体から見れば大きな手取り減にはなりません。例えば、世帯主が年収 500 万円だと所得税率の目安は 10% で、配偶者控除は最大 38 万円ですから、年間 3 万 8,000 円が節税になります。住民税は控除額 33 万円に対し、ほぼ一律 10% の税率で年間 3 万 3,000 円が節税できます。合計で 7 万 1,000 円の節税になりますが、家計全体では配偶者の収入アップによる効果の方が大きくなるからです。なお、配偶者の税金は 103 万円を超えると所得税と住民税が掛かりますが、手取りが急に少なくなることはありません。例えば年収 104 万円の場合、課税所得 1 万円に対して所得税率 5% になるので税額は 500 円です。住民税は自治体によりますが概ね 1 万円前後なので、103 万円の壁超えは限定的といえます。

社会保険の壁には２つの種類がある

注意するのは、配偶者の給与収入が 106 万円と 130 万円を超える時です。給与収入が 130 万円未満であれば、会社員である世帯主の社会保険の扶養に入れます。つまり、保険料を払わずに国民年金と世帯主の健康保険に加入できるのです。これが 130 万円になると配偶者自身で社会保険へ加入する必要が出てきます。勤務先に厚生年金と健康保険の制度がなければ国民年金と国民健康保険への加入となります。原則として、勤務先が保険料を折半してくれる厚生年金と健康保険のほうが負担は少なくて済むし、給与に応じて老後に受け取る老齢厚生年金を増やす効果もあります。また、病気やけがで休みが続き給料がストップして一定の要件を満たすと、所得保障として健康保険から傷病手当金の給付を受けられます。これらは国民年金や国民健康保険にはない制度です。１年間の社会保険料は、国民年金は一律 1 万 6,610 円（2021 年度現在）に対して、厚生年金保険料は給与収入に応じて決まります。例えば年収 130 万円で 1 万 65 円です。健康保険料は自治体や加入する健康保険によって異なります。内容を比較すると、コスパがいいのは勤務先の社会保険への加入です。

なお、厚生年金に加入することで増やせる老齢厚生年金については、次の簡易計算式が便利なので計算してみましょう。

配偶者が厚生年金に加入することで増やせる老齢厚生年金額を計算

平均年収（　　　　　万円）×0.55%× 働く年数（　　　年）=（　　　　　万円）

●計算例：45～60 歳の 15 年間を年収 150 万円で働く場合の計算式：
年収（150万円）×0.55%× 働く年数（15年）=（12万3,750円）
※65歳から年間 12万3,750円、受け取る年金額が増える。

また、給与収入が 130 万円以下であっても、106 万円以上で社会保険に加入することがあります。勤務先が大企業であればほぼ該当しますから、どうしても扶養内で働きたい時には中小企業で働くことも選択の一つです。社会保険の扶養を外れると手取り収入は減ってしまいますが、逆に公的保障が得られるなど老後の厚生年金を増やす効果もあるので、長期的に考えて選択したいところです。

パート・アルバイトの社会保険加入条件

1．従業員数が501人以上（2022年10月からは 101人以上）の勤め先である
2．週の所定労働時間が20時間以上ある
3．雇用期間が 1 年以上（2022年10月からは 2 か月以上）見込まれる
4．賃金の月額が 8 万8,000 円以上である
5．学生ではない

世帯主の勤務先の「配偶者手当」を確認する

このほかにも世帯主の勤務先から「配偶者手当」が出ている人は注意が必要です。勤務先の福利厚生制度を調べる必要がありますが、配偶者の収入が 103 万円以内で、配偶者手当が、月 1 万円程度としている企業が多いことが統計からわかります。配偶者手当がもらえなくなると、年間 12 万円の手取り収入が減ることになりますから、家計への影響はそれなりに大きくなります。

扶養の壁超えと家計への影響（まとめ）

配偶者の収入	超えるとどうなる?	家計への影響
103 万円	配偶者の収入に所得税が掛かり始める ※住民税は自治体によるが、目安は100万円	〈影響が少ない〉 配偶者の所得税が掛かるが手取りは急減しない
103 万円	勤務先によっては世帯主の配偶者手当がなくなる	〈影響が大きい〉 月額手当×12 か月分、手取りが少なくなる
106 万円	従業員数 501 人以上の企業で働き、一定要件を満たすと勤務先の社会保険に加入する	〈影響が大きい〉 配偶者の社会保険料負担分、手取りが少なくなる
130 万円	配偶者は世帯主の社会保険の扶養から外れる	〈影響が大きい〉 配偶者の社会保険料負担分、手取りが少なくなる
150 万円	世帯主の配偶者特別控除が減り始める	〈影響が少ない〉 世帯主の所得税が段階的に増える

扶養期間が長いと効率的に年金を増やせる

前節では、学生時代などの年金未払い分を穴埋めして年金額を増やす方法をお伝えしました。実は、扶養期間が長い配偶者こそ、厚生年金に加入して働くことで老後に受け取る老齢厚生年金を効率的に増やせるのです。

世帯主が会社員の場合、一般的に厚生年金の加入期間は長くなり、経過的加算が付くのは国民年金の未納期間などになります。というのも経過的加算を付けられる上限は厚生年金加入月数480か月までだからです。それに比べると扶養期間が長い配偶者は厚生年金加入期間が短くなりがちです。次図のように、60歳時点の加入月数が360か月（30年）以下であれば70歳まで働くと、最大120か月の経過的加算額（2021年度で約19万5,000円）になります。それ以外にも、給与収入に応じて老齢厚生年金は増えます。増やせる年金額は前ページの簡易計算式を参考に算出しましょう。

扶養期間が長い配偶者の厚生年金加入の一例

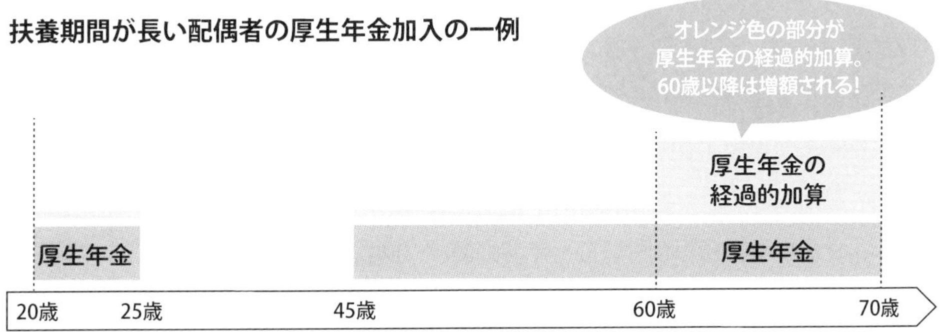

◆上図の場合
- 60歳までの厚生年金加入期間：20〜25歳（5年）＋45〜60歳（15年）＝20年（240か月）
- 60歳以降の経過的加算：厚生年金加入月数480か月まで付けられる（厚生年金は70歳まで）

経過的加算で増やせる老齢厚生年金は定額で年間約2万円です。給与に応じて決まる部分の老齢厚生年金は、年金額を2万円増やすためには年収363万円稼ぐ必要があります。60歳以降の経過的加算による年金額アップの効果は見逃せません。例えば、勤務先を選べば年収106万円以上で厚生年金に加入することが可能です。社会保険の扶養を外れることにはなりますが、終身受け取れる老齢厚生年金を効率よく増やすことができます。年収106万円を超える働き方であれば、週3日程度の勤務スタイルですから実現可能ではないでしょうか。世帯主が会社員の場合、60歳以降の再雇用等では月給が下がるケースが多く老齢厚生年金の増額に大きな期待はできないので、配偶者の年金増額のチャンスを活用しましょう。

〈自営業者編〉収入を増やす方法

- □税金を減らして手取り収入を増やす方法をチェック
- □老齢基礎年金を満額受給する方法を知る
- □コスパがいい付加年金納付を検討する

手取り収入を増やす方法

自営業者は会社員と比べて定年がありませんから、自分でリタイア時期を決められます。つまり、長く働いて継続的に収入を得ることができるのです。また、自営業者は税金を減らすことで手取り収入を増やすことができます。それには、税金が掛かる仕組みを正しく理解しておくことも大切です。

個人事業主が負担する税金はいくつかありますが、節税をしやすいのは所得税です。所得税の算出にはステップがあります。1年間の売り上げから必要経費を引いた所得を出し、さらに所得控除を引いて1年間の儲け（課税所得）を出します。この課税所得に税率を掛けると所得税が算出できます。つまり、必要経費を多く計上して、所得控除をフルに活用できれば、結果として税金が減り手取り収入が増えるのです。

自営業者が手取り収入を増やすイメージ

必要経費など	所得控除	課税所得 税金が掛かる所得

必要経費や所得控除が増えると、税金が掛かる所得が少なくなるので、税金も少なくなる

必要経費など	所得控除	課税所得 税金が掛かる所得

事業にかかわるものはすべて必要経費に計上、生活費と混在している場合には合理的な基準によって事業部分の費用を経費にします。例えば水道光熱費やスマホなど通信費や自家用車の関連費用まで漏れがないように。また、所得控除には iDeCo や小規模企業共済などの掛金や医療費、生命保険料、社会保険料などがあります。特に個人事業主は会社員と異なり退職金がありませんから、所得控除が使える私的年金に加入して、節税しながら手取り収入を増やすことを日頃から意識しておきましょう。

老齢基礎年金を満額受給する方法

自営業者が加入する公的年金は国民年金のみです。会社員と比べて厚生年金の上乗せがありませんし、国民年金は満額受給できたとして年額約 78 万円です。保険料を納められなかった、あるいは加入していなかった期間があると、次の表のとおりその期間や納付状況に応じて年金額は少なくなってしまいます。

国民年金保険料の納付と年金額への反映

	全額免除	4分の3免除	半額免除	4分の1免除	・学生納付特例 ・納付猶予	未納
全額納付の年金額に対する割合	2分の1 （3分の1）	8分の5 （2分の1）	8分の6 （3分の2）	8分の7 （6分の5）	0	0

※（　）は 2009年度３月分までの割合。

「保険料を納めていない場合」と一言でいっても、免除や猶予などで年金額への反映は異なります。納付状況をねんきんネットで確認して、今からでも払える状況であれば納付をしておきましょう。このようにあとから納付することを「追納」といい、免除や猶予から 10 年以内でないと払うことができなくなってしまいます。

なお、既に追納できない状況の場合にも救済策はあります。60 歳以上 65 歳未満の 5 年間に納付月数 480 か月まで保険料を納めることで老齢基礎年金を増やす方法です。これを「任意加入制度」といいます。例えば、任意加入制度に最大 5 年間加入した時の保険料納付額は総額 99 万 6,600 円、65 歳から受け取る年金の増加額は 75 歳までの 10 年間でほぼ同額の約 97 万 6,000 円になります（2021 年度現在）。長生きするほど、受け取る年金額は増えますし、保険料を納めることで所得控除になるので節税効果があります。60歳で会社を退職して厚生年金の被保険者でなくなった場合も任意加入制度を利用できます。

ねんきんネットから次の方法で進むと、追納が可能かどうか、さらに納める保険料もわかり、追納申込書まで作成できます。それを年金事務所に提出すれば手続き完了です。

ねんきんネットで追納が可能かどうかの調べ方

①ねんきんネットにログインして次の順番でクリックしていく。「年金記録を確認する」→「国民年金保険料の納付・後払い（追納）が可能な月数と金額を確認する」

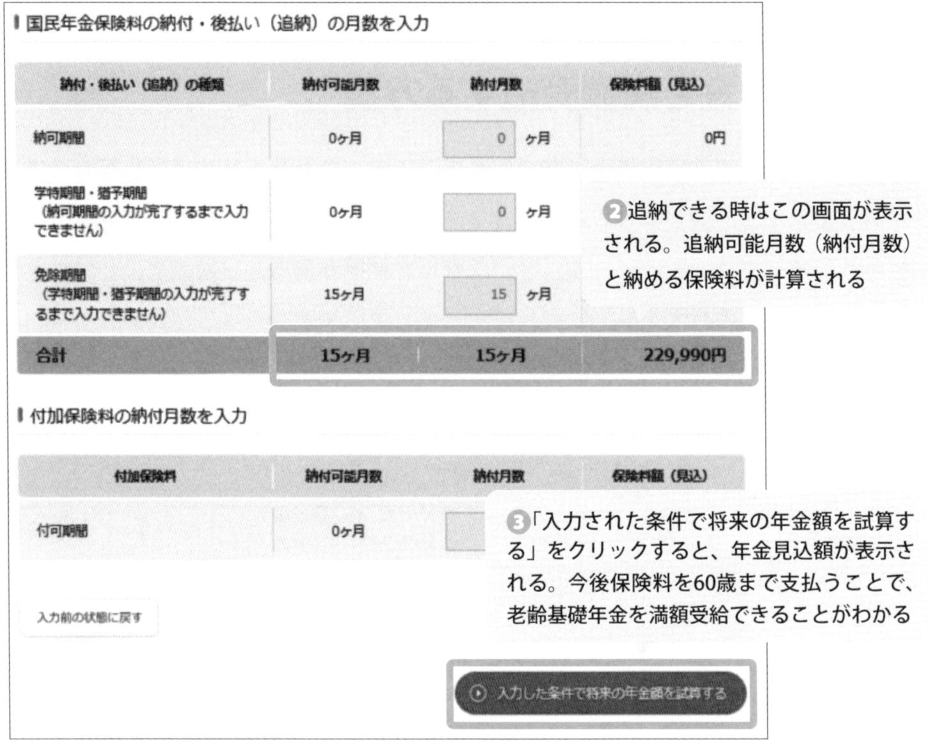

また、すぐにでも利用したいのが、老齢基礎年金に上乗せできる「付加年金制度」です。国民年金保険料にプラスして付加保険料を払う必要がありますが、2年間で納めた分の元は取れます。具体的に増える年金額は「付加保険料（400円）を納めた月数×200円」で、納めた月数が長いほど付加年金額を増やせるのです。

次の図で説明すると、40～60歳の20年間で納めた保険料9万6,000円に対して年間4万8,000円の年金額を上乗せできます。仮に65～90歳の25年間で受け取った場合、総額は120万円です。民間の保険ではあり得ないコスパがよい終身年金保険といえます。任意加入制度や付加年金制度の申し込みは年金事務所や自治体の担当窓口で手続きを行います。そして、遡っての納付はできませんから、タイミングを逃さずに速やかに行動しましょう。

老齢基礎年金に上乗せできる「付加年金制度」

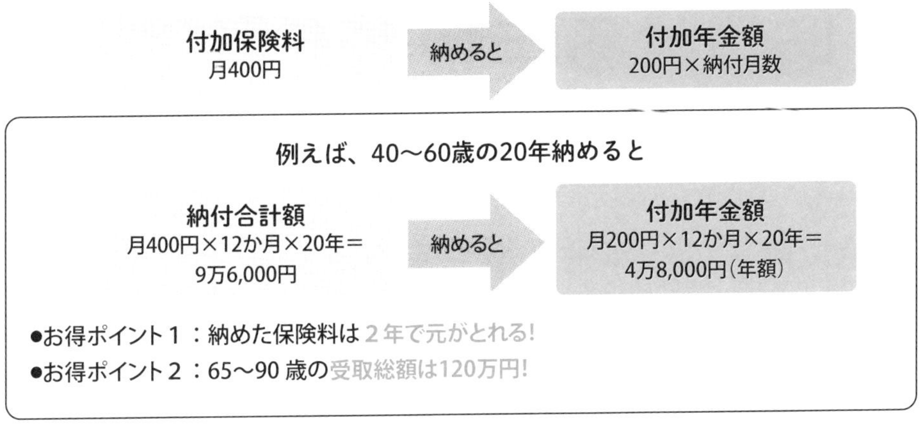

付加保険料
月400円
→ 納めると →
付加年金額
200円×納付月数

例えば、40〜60歳の20年納めると

納付合計額
月400円×12か月×20年＝
9万6,000円
→ 納めると →
付加年金額
月200円×12か月×20年＝
4万8,000円（年額）

- お得ポイント１：納めた保険料は２年で元がとれる！
- お得ポイント２：65〜90歳の受取総額は120万円！

節税になる、いろいろな国民年金保険料の納め方

国民年金保険料は社会保険料控除として売上げからマイナスにできるので、節税になります。なお、納税方法には６か月、１年、２年と保険料を一定期間まとめて前納すると割引になる前納制度があります。その中で最も割引額が大きいのは、２年間分の保険料を口座振替で前納する方法で、毎月納めるより１万5,850円の割引が受けられます。この額は、ほぼ１か月分の保険料（2021年度の保険料１万6,610円）に相当するのでお得です。

このほかに２つ節税方法をご紹介します。一つ目は、「夫婦などの保険料は高所得者が支払うことで節税額を大きくさせる」です。例えば、夫婦など２人が自営業者の場合は所得が高いほうが保険料を納付して、２人分の所得控除を利用すれば家計全体で節税額が増えます。所得税率20％と10％であれば、20％の方にまとめるとお得になるというわけです。

二つ目は、「所得が多くなりそうな年の所得控除にする」です。２年分の前納を行うと、確定申告時に所得控除として使う時期が選べます。各年度に応じて、あるいはまとめて使うこともできるので、例年と比べて一時的に売り上げが大きくなることがわかっていれば、その年にまとめて使うことで節税になります。

【ステップ5-1】
増やせる年金額を計算する

60歳以降に公的年金を増やす方法

前節まで収入を増やす方法について見てきました。その中でも年金を増やすことが老後の収入を増やすポイントになることがイメージできたと思います。

過去に国民保険料の免除や猶予の手続きをしている場合であれば、10年以内なら追納できます。追納できるかどうかは、P.116のとおりに、ねんきんネットから調べます。なお、保険料を納めずに10年以上経っている場合には、追納はできません。

また、免除や猶予ではなく未納の場合には、そもそも追納ができません。未納分の保険料は、納付期限から2年以内であれば納めることができますが、納付期限から2年を過ぎると時効により納めることができなくなってしまうのです。

例えば、学生時代に国民年金が任意加入だった今の50歳以上の人や、その後、強制加入となり納付の猶予を受けて10年以上経っている人などは未納になっています。その場合は、60歳以降に厚生年金に加入するか、加入しないかによって増やせる年金額が異なります。次からの【ステップ5-1】で増やせる年金額を計算してみましょう。

【ステップ5-1】増やせる年金額の計算

60歳以降、厚生年金に加入する場合

国民年金の未納・猶予月数は（A　　　　か月）
↑P.108 ねんきんネットで確認した月数を転記

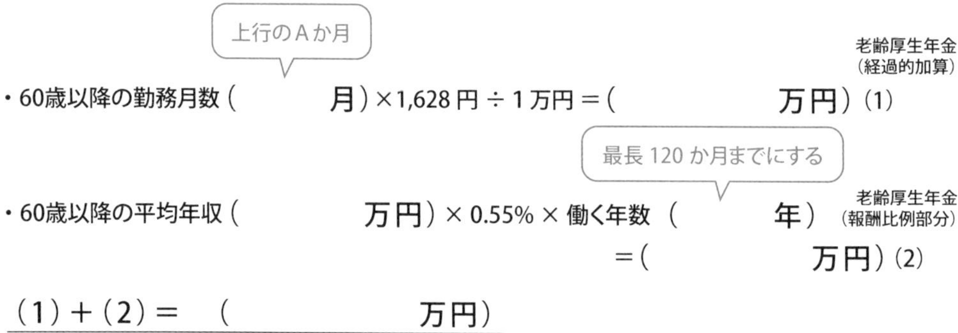

60歳以降、厚生年金に加入しない場合

※国民年金の免除期間があるケースは考慮していません。

国民年金の未納・猶予月数は（A　　　　か月）

↑P.109 ねんきんネットで確認した月数を転記

上行のAか月＞60か月の場合は、最長の60か月とする

・80万円 ×（A　　　か月 ÷480か月）＝（　　　　万円）(1) 老齢基礎年金（任意加入分）

上行のAか月＞60か月の場合は、最長の60か月とする

・（A　　　か月）×200円 ÷ 1万円＝（　　　　　万円）(2) 付加年金額

(1)＋(2)＝　（　　　　　　万円）

60歳の時点で厚生年金の加入年数が30年以下

※今後の働き方を予想して記入します。

60歳時点の厚生年金加入月数は（A　　　　月）

480か月－上行Aか月と120か月を比べて少ない月数を上限として記入

・60歳以降の勤務月数（B　　　　か月）× 1,628円÷ 1万円＝（　　　　万円）(1) 老齢厚生年金（経過的加算）

最長120か月までにする

・平均年収（　　　万円）× 0.55% × 働く年数（　　年）＝（　　　　万円）(2) 老齢厚生年金（報酬比例部分）

(1)＋(2)＝　（　　　　　　万円）

資産を増やす方法

□貯める仕組みをつくり、貯めながら増やす
□投資の原則を知れば投資は怖くない
□有利な制度を活用して効率よく増やす

資産を増やすため、２つのポイント

第３章で老後の必要額を算出しましたが、お金の使い方を見直すことや、前節までにご紹介した、年金の納め方で収入を増やす方法を知ったことで、老後の必要額を減らすイメージが少しはつかめたのではないでしょうか。

ここからは、効率よく資産を増やす方法を見ていきます。そのためには、まず「貯める仕組みをつくる」「有利な制度を活用する」という２つのポイントを意識して実践することが大切です。

ポイント１：貯める仕組みをつくる

効率よく資産を増やすには、お金を貯めながら、さらに増やす仕組みをつくることが重要ですが、そのために意識するのが給料を「使うお金」「貯めるお金」「増やすお金」に分けて、それぞれの口座に振り分ける「先取り貯蓄」です。

「先取り貯蓄」は貯める仕組みの大原則

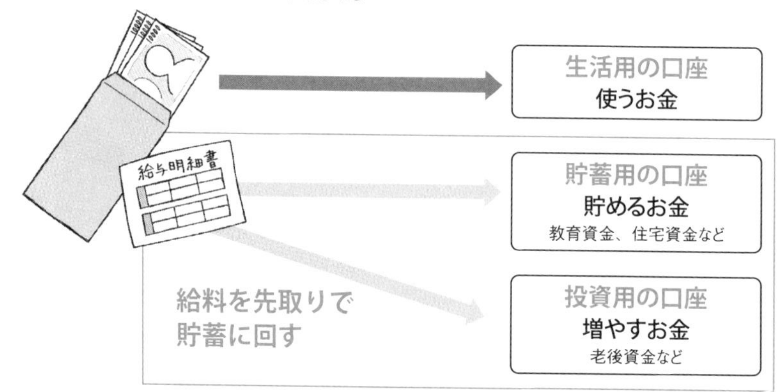

例えば、現時点で金融資産があまりない人は、給料日の翌日などに積み立て日を設定して、まずは「貯蓄用の口座」に貯めていきましょう。月給の 3 ～ 6 か月分の貯蓄を目標に行います。また、行き先が決まっている教育資金や住宅資金は減らせないお金ですから、こちらも原則は貯蓄用の口座に貯めていきます。

「投資用の口座」はお金を増やす口座です。教育資金や住宅資金であっても使う時期が 10 年程度先であれば一部を投資用の口座に回してもいいでしょう。老後資金は 30 代や 40 代にとっては 20 年以上先なので投資用の口座で増やしていきます。ただし、50 代で金融資産があまりない場合には、【ステップ 3-2-2】ライフイベントカレンダー（P.65）でリタイア後のお金の流れを見ながら、一部を貯蓄用の口座に入れたほうがいいケースもあります。

ポイント 2：有利な制度を活用する

貯める仕組みをつくるのと同様に資産を増やすために重要なことは、有利な制度を活用することです。例えば、貯蓄用の口座の場合、住宅資金や老後資金は勤務先に制度があれば財形住宅貯蓄や財形年金貯蓄を利用することで一定額までの利子などが非課税になります。また、社内預金制度がある会社で働いている場合、一般的な銀行の定期預金に比べて高い金利で貯蓄できます。いずれも福利厚生の一環で利用できる制度なのでよく調べてみましょう。なお、老後資金を効率よく貯めるのに適した制度は、ぜひ押さえておきたいところです。複数の制度の中でも「個人型確定拠出年金（iDeCo）」と「つみたて NISA」は貯めながら増やしていく制度です。これらの制度を利用するには投資の原則を知っておく必要があります。投資の原則についてはこのあとの P.123 で詳しくお話ししますので、投資をまったくしたことがない人も不安に思わずに読み進めてください。

◆iDeCo

iDeCo は個人型確定拠出年金とも呼ばれ、老後資金をつくるための私的年金制度です。職業等で加入資格や出せる掛金の額が異なります。仕組みは、毎月一定の掛金を拠出して自分で選んだ商品で長期間運用を行います。運用商品は iDeCo の口座を開設する金融機関によって異なりますが、定期預金などの元本確保型と投資信託などの元本変動型のラインナップがあります。投資信託を選べば長期分散投資を行えるので長い時間を掛けて増やしていくことが可能です。

iDeCoの５つの特徴

①掛金が全額所得控除 民間の個人年金保険より節税できる	②運用益が非課税 本来掛かる20.315%の税金が掛からない
③60歳まで引き出せない 強制的に貯められる	④手数料が掛かる 口座開設や維持にお金が掛かる
⑤掛金が人によって違う 公的年金の種類や会社の制度によって異なる	

◆つみたてNISA

NISAにはいくつか種類がありますが、つみたてNISAは分散・長期・積立といった投資の三大原則をすべて取り入れた非課税制度です。金融庁が厳選した低コストの投資信託から選ぶため、これから投資を始める人にも適しています。仕組みは、金融機関でNISA口座を開設、毎年40万円を上限として最長20年間、800万円（40万円×20年間）まで投資が可能、保有中や売却で得た利益に非課税の恩恵があります。

つみたてNISAの５つの特徴

①少額からでも始められる 100円から、ポイントで、など金融機関による	②最大800万円の非課税投資枠 年間最大40万円、最長20年間非課税となる
③運用益が非課税 本来掛かる20.315%の税金が掛からない	④いつでも引き出せる 必要な時に換金できて、税金が掛からない
⑤手数料が掛からない 口座開設や維持にお金が掛からない	

◆そのほかの有利な制度

iDeCo、つみたてNISAのほかにも、有利な制度として、企業型確定拠出年金のマッチング拠出（P.40を参照）や、小規模企業共済があります。

勤務先で企業型確定拠出年金をしている人は、iDeCoに加入できない可能性がありますが、その場合は掛金に上乗せする企業型確定拠出年金にマッチング拠出がないか確認してみましょう。なお、上記のiDeCoの５つの特徴「④手数料が掛かる」は企業型確定拠出年金の場合は会社が負担します。詳しくはP.41を参照してください。

自営業者が加入できる小規模企業共済は、退職や廃業時に受け取れるのでリタイア後の備えになります。掛金を納める時や受け取る時に税金が優遇されるため節税効果が高いという特徴があります。予定利率は1.0%で、自分で運用する必要もないので利用しやすい制度です。

有利な制度の一覧

制度	会社員	個人事業主	扶養内の配偶者
iDeCo	○	○	○
	掛金（月額２万3,000円まで） ※企業年金の加入状況による	掛金 （月額６万8,000円まで）	掛金 （月額２万3,000円まで）
つみたてNISA	○	○	○
	毎年40万円が上限		
企業型確定拠出年金のマッチング拠出	○	×	×
小規模企業共済	×	掛金 （月額７万円まで）	×

投資の原則

iDeCoやつみたてNISAといった制度を利用して、効率よく資産を増やしていくためには、投資信託などを購入して投資にお金を回す必要があります。また、投資で資産を増やすにはそれなりの時間が必要です。金融庁のホームページにも「将来のために増やしていきたいお金は、株式や投資信託などを利用した投資の形で、長い時間をかけて少しずつ増やしていくことがよいでしょう」と書かれていますが、残念ながら投資で「確実に大きく増やす」方法はありません。その代わりに「大きく減らさない」ための方法はあります。投資にはリスクがつきものですから、まずはリスクを知ってその内容を正しく理解しておくことが重要です。リスクはいわゆる「危険」や「損失」ではなく、「可能性」を意味していることを覚えておきましょう。

投資の４大リスク

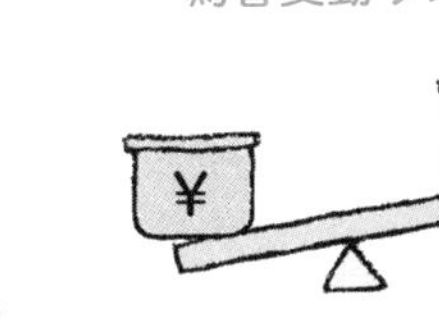

投資には、上のイラストにように「４大リスク」といわれるものがあります。「価格変動リスク」とは市場価格（時価）により価格が変動する可能性があることを示します。同様に「為替変動リスク」には円と外国の為替相場の変動により外貨建て資産の価値が変動する可能性、「信用リスク」には投資した会社や国が経営難・財政難に陥り利息や元本などの支払いができなくなる可能性、「カントリーリスク」には投資対象国や地域で政治・経済の状況変化によって証券や為替の市場に混乱が生じて、資産価値

が変動する可能性があるということです。

4大リスクのほかにも「金利変動リスク」や「流動性リスク」など投資先によってリスクは異なります。これらリスクを減らす具体的な投資方法が「分散投資」です。分散投資では投資対象の資産や銘柄を選ぶ時に値動きの異なるものを組み合わせる「資産の分散」、投資の対象となる地域の性質の違いに注目して異なる状況にある地域や通貨を組み合わせる「地域･通貨の分散」、さまざまな値動きをする資産には一度に多額ではなく、タイミングを何度かに分けて買う「時間の分散」などを行います。

リスクを減らす方法の1つ～分散投資の例

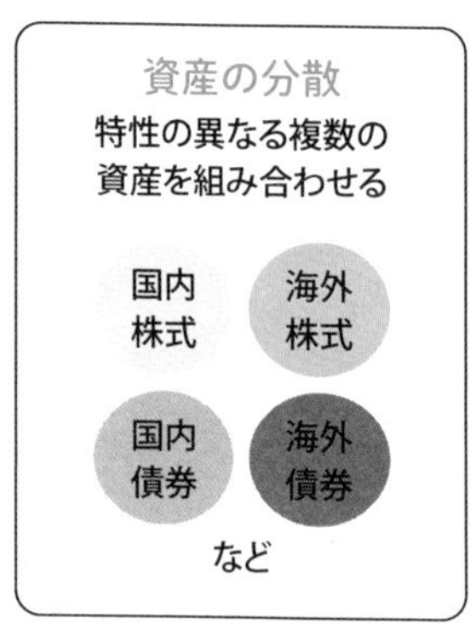

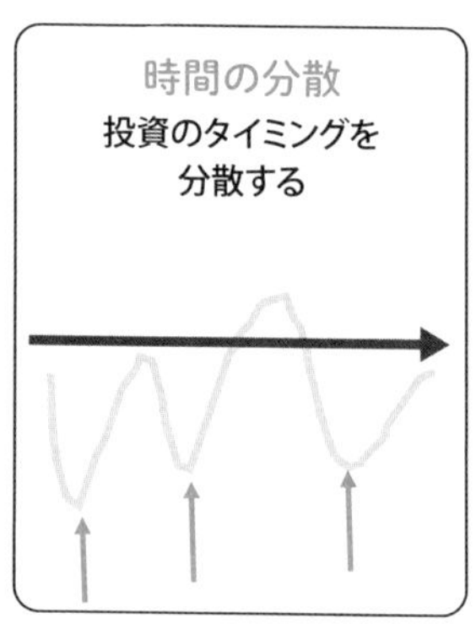

また、分散投資に加えて「長期投資（長期間投資を続けること）」「積立投資（あらかじめ決まった金額を続けて投資すること）」も同様に重要で、これらをまとめて、投資の三大原則といいます。

さらに、投資を「どこで」行うかで、手取り利益を増やす「アセット（資産）」「ロケーション（置き場所）」という考え方についてもしっかりと押さえておきましょう。

アセットとロケーションの関係はシンプルで、預金をする時は少しでも金利が高い銀行を選び、証券口座であれば売買手数料が割安な証券会社を選ぶことで、元金を有利に増やすことができます。一方、iDeCoやつみたてNISA、小規模企業共済は節税効果が高い場所で投資を行うというのが特長ですが、どの制度を利用するのが自分にとって一番有利なのかは人によって異なります。例えば、iDeCoには「掛金が全額所得控除」「運用益が非課税」「一定額までの受取り時の税制優遇」という3つの税制優遇があります。ただし、所得税と住民税を納めていない専業主婦（夫）の場合では、掛金の所得控除は使えないので、つみたてNISAを利用したほうが口座管理のコストが掛からず有利ともいえます。投資においては、このように自分にとってのメリットを優先して検討することが一番大切なことです。

リタイア前後に受け取るお金を最大化する方法

□税金が掛かる老後のお金をチェックする
□退職金は一括で受け取ると税金がお得
□年金形式での受け取りは社会保険料の負担増に注意

受け取り時に税金が掛かるお金、掛からないお金

前節で資産を増やす方法を見てきましたが、ここからはリタイア前後に受け取るお金をどのような方法でタイミングよく引き出すのがお得かについて一緒に考えていきましょう。リタイアするまで 10 年以上ある人は、さらっと斜め読みして「受け取る前によく考える必要がある」程度で覚えておいてください。

老後資金には退職金や、私的年金などがありますが、受け取る時に税金が掛かるものと掛からないものがあります。

例えば、預貯金や財形年金、つみたて NISA などは引き出す時に税金は掛かりません。一方で、退職金や企業年金、企業型確定拠出年金、iDeCo は受け取る時に税金が掛かります。受け取る方法については「一時金形式」や「年金形式」など自分で選択することになりますが、受け取り方法によって税金を少なくすることができます。そのためには、受け取り時に掛かる税金について知っておく必要があります。

一時金での受け取りは、退職所得控除の対象になる

退職金を一括で受け取る一時金形式は、ほかの所得と区別して「退職所得」として税金の計算が行われます。確定給付年金や企業型・個人型の確定拠出年金、小規模企業共済の共済金を一括で受け取る時も同様です。

退職所得を計算する上でポイントになるのが勤続年数です。退職所得からマイナスする退職所得控除は勤続年数に応じて適用されるため、勤続年数が長いほど節税効果が高くなります。

退職一時金に掛かる税金を計算する

第２章で確認した退職一時金ですが、次の計算式を元に退職所得に掛かる「退職所得控除額」と実際に税金が掛かる「課税退職所得金額」を計算してみましょう。退職所得控除を計算する時に勤続年数は切り上げで考えます。例えば 22 年１か月であれば 23 年とします。逆算すると 41 ～ 60 歳の間同じ会社で 19 年勤続した時の退職所得控除は 760 万円ですから、760 万円までは非課税になります。退職金が明確でない人は勤続年数でいくらまで非課税なのかを確認しておきましょう。

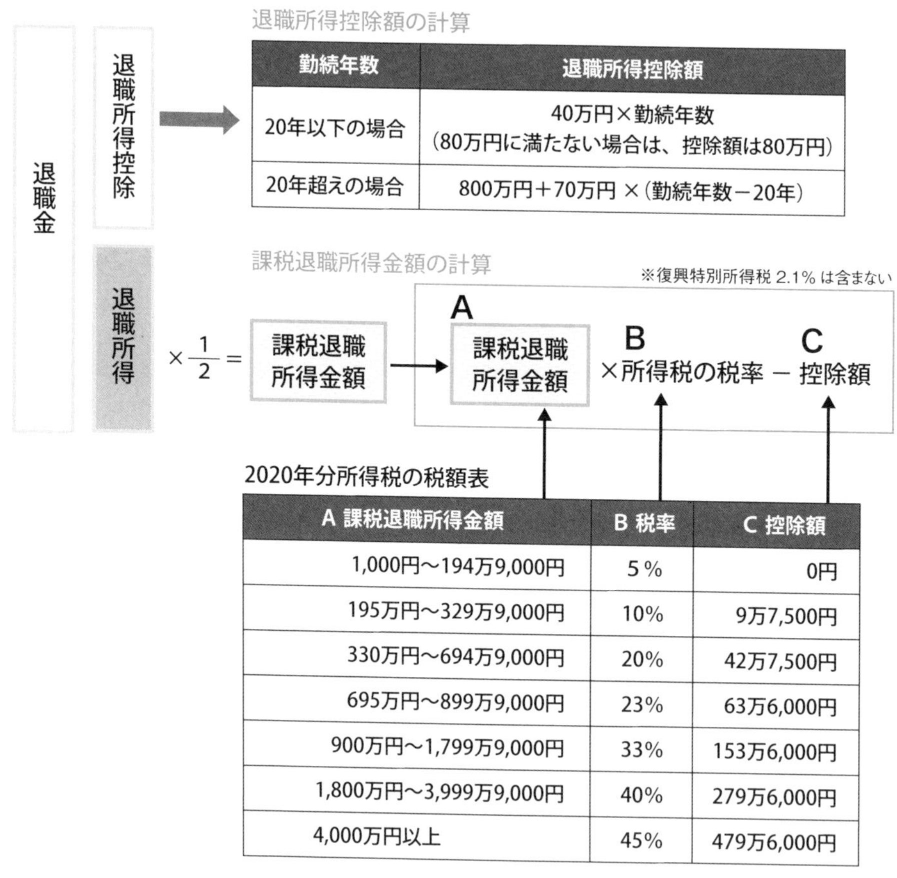

退職所得控除額の計算

勤続年数	退職所得控除額
20年以下の場合	40万円×勤続年数 （80万円に満たない場合は、控除額は80万円）
20年超えの場合	800万円＋70万円×（勤続年数－20年）

課税退職所得金額の計算

※復興特別所得税 2.1% は含まない

2020年分所得税の税額表

A 課税退職所得金額	B 税率	C 控除額
1,000円～194万9,000円	5％	0円
195万円～329万9,000円	10%	9万7,500円
330万円～694万9,000円	20%	42万7,500円
695万円～899万9,000円	23%	63万6,000円
900万円～1,799万9,000円	33%	153万6,000円
1,800万円～3,999万9,000円	40%	279万6,000円
4,000万円以上	45%	479万6,000円

退職一時金に掛かる所得税の計算

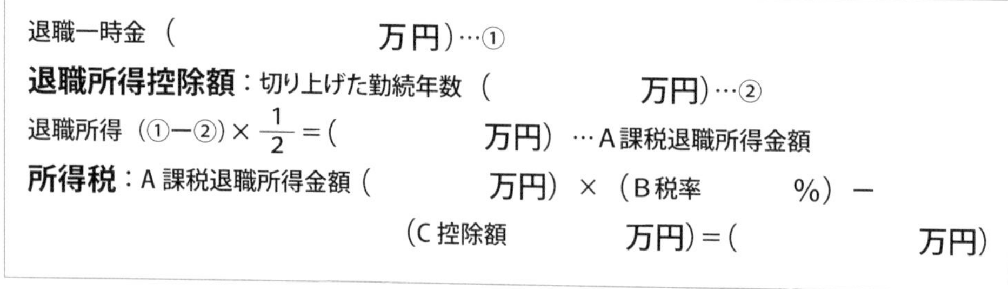

複数の一時金を受け取った場合

退職一時金以外に、企業年金制度から一時金形式で複数の年金を受け取った場合は、次に挙げた税金に関する2つの基本ルールを押さえておきましょう。

退職一時金以外に一時金形式で複数の年金を受け取った場合

- 同じ年に受け取る場合：**すべての退職所得を合算して1つの退職所得としてまとめる。退職所得控除を決定する際の勤続年数は、原則として最も長い勤続期間から勤続年数を適用する**
- 異なる年に受け取る場合：**複数の退職金を異なる年に受け取る時は、それぞれの退職金ごとに退職所得控除を差し引くことができるが、過去4年以内（確定拠出年金は14年以内）に受け取った場合などには、一定の調整が入るなど税金の算出が複雑になることもある。受け取り時期を自分で選べる場合は、税理士など専門家に有利な受け取り時期などを相談するのも一考**

年金形式で受け取ると税金と社会保険料で手取りが減ることも

年金形式で受け取る場合、一時金と比べて税金の掛かり方が異なります。

一定額まで税金が掛からない点は一時金形式の場合と同じですが、毎年の受け取り額は「雑所得」となり税金が計算されます。

計算方法は、公的年金（老齢基礎年金、老齢厚生年金）など、雑所得になる収入をすべて合算した受け取り額から「公的年金等控除」を引いて、税金が掛かる雑所得が算出されます。

公的年金等控除の対象となる雑所得、対象とならない雑所得

公的年金等控除の対象

- **公的年金（老齢基礎年金、老齢厚生年金など）**
- **企業年金（確定給付年金、確定拠出年金など）**
- **iDeCo**
- **国民年金基金**
- **小規模企業共済**
- **中退共　など**

公的年金等控除の対象ではない

- **個人年金保険など民間保険の個人年金商品など**

公的年金等控除額は、年齢や収入金額に応じて決まります。次の表は税金が掛かる収入（合計所得）1,000万円以下のケースです。例えば、年金収入金額が65歳未満であれば年間60万円、65歳以上になると年間110万円までは公的年金等控除を差し引いた雑所得はゼロになります。

公的年金等に係る雑所得の速算表（2020年分以降）

公的年金等に係る雑所得以外の所得に係る合計所得金額が 1,000万円以下			
年金を受け取る人の年齢	(a)公的年金等の収入金額の合計額	(b)割合	(c)控除額
65歳未満	※公的年金等の収入金額の合計額が 60万円までの場合は、所得金額はゼロとなります。		
	60万1円～129万9,999円	100%	60万円
	130万～409万9,999円	75%	27万5,000円
	410万～769万9,999円	85%	68万5,000円
	770万～999万9,999円	95%	145万5,000円
	1,000万円以上	100%	195万5,000円
65歳以上	※公的年金等の収入金額の合計額が 110万円までの場合は、所得金額はゼロとなります。		
	110万1円～329万9,999円	100%	110万円
	330万円～409万9,999円	75%	27万5,000円
	410万円～769万9,999円	85%	68万5,000円
	770万円～999万9,999円	95%	145万5,000円
	1,000万円以上	100%	195万5,000円

なお、ほかの控除が使える、税金が掛かる所得がある時には合算して税金を算出することになります。ポイントは、年金形式の受け取りで所得が多くなると税金や健康保険料が増えて、医療や介護を受ける時の自己負担が重くなる可能性があるということです。

２パターンの受け取り方で退職金の手取り額を比較する

具体的な例として、退職金を一時金または、年金受け取りでもらった場合の手取り額を比較してみます。

「ケース１」は退職金2,000万円を一時金で受け取るパターン、「ケース２」は運用利率２％の年金で10年間受け取るパターンです。両者とも60歳で定年退職し、そのあと 64 歳までは年収 300 万円で働き、65 歳からは年金生活になるとします。

一時金と年金受け取りによる手取り額を比較

◆ケース１：退職金 2,000 万円を一時金受け取りした場合

収入	60歳	60～64歳	65～69歳
退職一時金	2,000万円	—	—
給与	—	300万円	—
公的年金	—	—	200万円
年収合計		300万円	200万円
税金・社会保険料	0	−59万円	−15万円
手取り年収	2,000万円	241万円	185万円

額面合計 **4,500万円**
↓
4,130万円 手取り合計

◆ケース２：退職金2,000万円を年金受け取りした場合
※60歳から確定年金10年、運用利率 2%

収入	60歳	60～64歳	65～69歳
退職金（年金受取）	—	222万円	222万円
給与	—	300万円	—
公的年金	—	—	200万円
年収合計	—	522万円	422万円
税金・社会保険料	—	−77万円	−79万円
手取り年収	—	445万円	343万円

額面合計 **4,720万円**
↓
3,940万円 手取り合計

（試算条件）扶養家族なし、東京23区在住、勤続年数38年、64歳までは協会けんぽ
65歳からは自治体の国民健康保険。

「ケース２」では、退職金を年金受け取りすると受け取り総額は 2,220 万円ですから一時金で受け取る「ケース１」よりトータルで 220 万円増えます。ただし、退職年金を給与や公的年金と合算して受け取ることで税金・社会保険料が多くなり手取りが目減りしてしまいます。また、退職金を一時金で受け取ると勤続 38 年の退職所得控除は 2,060 万円になるため、税金は掛かりません。今回の例では、一時金で受け取った「ケース１」のほうが税制上有利なことがわかります。

どちらで受け取るほうが有利かについては、年金の運用利率や年金額、居住する自治体の健康保険料などで異なります。傾向としては年間の年金額が多くなるほど特に社会保険料の負担が重くなることを知っておきましょう。また、医療や介護の自己負担率が上がることも想定しておいたほうがよいでしょう。高齢になるにつれて医療費は増えることも意識しておきましょう。

「老後に働くと年金が減ってしまう」は本当か!?

FP相談をしていてよく受ける相談の一つに、「老後に働くと年金額が減ってしまうのではないか？」という質問があります。

働いて一定の収入があるシニア世代の年金を減らす「在職老齢年金制度」がその正体ですが、年金が減額になるかどうかは次の3つで判断します。

年金が減額になるかの判断ポイント

- 国民年金の被保険者区分
- 生年月日
- 収入額

まず、在職老齢年金制度の対象となるのは、厚生年金に加入したことがある会社員など第2号被保険者で、65歳以降にも厚生年金に加入して働く人です。厚生年金に加入せずに個人事業で仕事を請け負えば、そもそも支給停止の対象外です。なお、生年月日により65歳前に特別支給の老齢厚生年金を受け取る人は、60歳から65歳になるまでの期間も減額の対象になります。

また、年金がどのくらい減額になるかは、収入によります。ざっくりではありますが、年間の給与収入を12で割った「月収」と、毎月の「老齢厚生年金額」の合計が在職老齢年金の基準額を超えると年金の減額が始まります。基準額は、65歳以上が47万円（65歳までは28万円）と決められています。月収と老齢厚生年金を足して47万円を超えると、その超過分の半分の老齢厚生年金が支給停止されます。例えば、基準額を2万円オーバーすると年金は1万円支給カットされます。

特に配偶者が年下の場合は、老齢厚生年金に加算される加給年金に気をつけてください。なぜなら、老齢厚生年金の全額が支給カットされると加給年金も全額支給停止となってしまうからです。支給カットが一部であれば、加給年金は全額支給となることも覚えておきたいところです。このように公的年金制度はとても複雑です。年金を受け取る前に、年金事務所や街角の年金相談センターを活用する、あるいは、社労士資格を持っているFPなどの専門家に相談することをお勧めします。誰に相談すればいいのかを知っておくことも重要です。

【ステップ5-2】老後のキャッシュフロー表をつくる

漠然とした将来のお金の不安を数字で見える化する

最後の仕上げとして、ここまで調べてきた情報をまとめて 60 ～ 90 歳のキャッシュフロー表をつくります。キャッシュフロー表をつくることで、漠然としていた将来の家計の状態を数字で把握し、かつ将来にわたる年間収支や貯蓄残高の動きがチェックできます。まずは「今、描いているリタイア後の生活は実現可能なのか？」「難しいのであればどこを見直せばいいのか？」などに気づくためのツールとして使い、定期的に見直していくことが重要です。貯蓄残高がマイナスにならないように、しっかり家計の舵取りをしていきましょう。なお、次ページの表は 90 歳までとなっていますが、100 歳までつくると、より正確にイメージできるでしょう。

● 次ページの表の書き方

◆（ア）「西暦」欄：年上のほうが60歳になる年を起点に、年齢に合わせて記入します。

◆（イ）「年齢」欄：年上の年齢に合わせて、年下の年齢を記入します。単身者は片方のみに記入します。

◆（ウ）「収入（手取り）」欄：予想する手取り収入（給与、家賃収入など）を記入します。不明の場合は未記入。

◆（エ）「年金収入」欄：【ステップ 1-2】（P.25）公的年金カレンダーの「世帯年間合計額」の85%を計算して記入します。

◆（オ）「退職金・私的年金収入（世帯合計）」欄：【ステップ 2-3】（P.49）退職金・私的年金カレンダーの④から、手取り額を転記します。

◆（カ）「世帯収入合計」欄：上記の「（ウ）＋（エ）＋（オ）」の合計額を記入します。

◆（キ）「支出」欄：【ステップ 3-1】（P.57）で計算した「【老後】の世帯年間想定生活費」を転記します。

◆（ク）「年間収支」欄：上記の「（カ）－（キ）」の合計額を記入します。

◆（ケ）「ライフイベント支出」欄：【ステップ 3-2-2】（P.65）ライフイベントカレンダーから、「イベント」と「予算合計」を転記します。

◆（コ）「貯蓄残高」欄：年上が60歳の欄に、「前年貯蓄残高＋（ク）その年の年間収支－（ケ）その年のライフイベント予算合計」を計算して記入します。それ以降も同様に計算して記入します。

【ステップ 5-2】キャッシュフロー表をつくる

(ア)西暦	(イ)年齢		(ウ)収入(手取り)		(エ)年金収入 【ステップ 1-2】(P.25)の「世帯年間合計額」の85%を記入	(オ)退職金・私的年金収入(世帯合計) 【ステップ 2-3】(P.49)④より転記	(カ)世帯収入合計 (ウ)+(エ)+(オ)
	(年上の名前)	(年下の名前)	(年上の名前)	(年下の名前)			
	60歳	歳					
	61歳	歳					
	62歳	歳					
	63歳	歳					
	64歳	歳					
	65歳	歳					
	66歳	歳					
	67歳	歳					
	68歳	歳					
	69歳	歳					
	70歳	歳					
	71歳	歳					
	72歳	歳					
	73歳	歳					
	74歳	歳					
	75歳	歳					
	76歳	歳					
	77歳	歳					
	78歳	歳					
	79歳	歳					
	80歳	歳					
	81歳	歳					
	82歳	歳					
	83歳	歳					
	84歳	歳					
	85歳	歳					
	86歳	歳					
	87歳	歳					
	88歳	歳					
	89歳	歳					
	90歳	歳					

(キ)支出 【ステップ 3-1】(P.57)「【老後】の世帯年間想定生活費」より転記	(ク)年間収支 (カ) − (キ)	(ケ)ライフイベント支出 【ステップ 3-2-2】(P.65) よりイベントと予算合計を転記	(コ)貯蓄残高

キャッシュフロー表を元に望む暮らしを実現させる

現状ベースで老後のキャッシュフロー表を作成してみて、いかがでしたでしょうか？　自分の老後のお金の流れがなんとなくイメージできたかと思います。貯蓄残高がマイナスになったとしても悲観することはありません。なぜなら、対策を立てて取り組むことで改善できるからです。対策を行う際には、P.75 でお伝えした「資産の健全化」への３つのステップを行いましょう。

「資産の健全化」への３つのステップ

- STEP１：**今のお金の使い方を見直す**
- STEP２：**収入を増やす方法を考える**
- STEP３：**資産を増やす方法を考える**

特に、すぐに取り組みたいことは、家計を見直して資産形成へお金を回すことです。それによって 60 歳時点の貯蓄残高がどう変化するかをまずは確認してみましょう。というのも、2020 年に行われた松井証券株式会社調べによると、60 代で「貯蓄だけでは老後の資金が足りないと思う」と回答した人が「若いうちにやっておけばよかったと思うこと」として１位になったのは「資産形成・運用」でした。

また、転職などで状況がまったく変わってしまうこともあり得ますし、予想した将来のライフイベントを変更することも当然ながら起こるでしょう。そんな時こそ老後のキャッシュフロー表の変化を見てみましょう。ただし、それによって貯蓄残高が大きくマイナスに振れた場合であっても、単純に支出を減らすほうへと思考を向けるのではなく、どうしたら望む暮らしができるのかに焦点を当てることが大切です。

多様性の時代となり、ライフスタイルや価値観も人それぞれ。国や会社などに依存していると、結局のところ困るのは自分です。一番大切なことは自分がどうしたいのかを明確にすることです。幸いにも日本はモノやサービスが充実している社会ですし、今後は今まで以上にテクノロジーの恩恵で生活コストが減っていく可能性もあります。こういった少し先を見通す力と伴に、お金といった有形資産だけでなく、無形資産を築いていこうと意識することも重要です。無形資産には、健康やスキル、知識、人的ネットワークなどが挙げられます。

老後のキャッシュフロー表をつくることで、自分はどのような人生を送りたいのかを改めて考えて、本書がよりよい対策を見つけるきっかけになれば幸いです。

本書内容に関するお問い合わせについて

このたびは翔泳社の書籍をお買い上げいただき、誠にありがとうございます。弊社では、読者の皆様からのお問い合わせに適切に対応させていただくため、以下のガイドラインへのご協力をお願い致しております。下記項目をお読みいただき、手順に従ってお問い合わせください。

●ご質問される前に

弊社Webサイトの「正誤表」をご参照ください。これまでに判明した正誤や追加情報を掲載しています。

正誤表　https://www.shoeisha.co.jp/book/errata/

●ご質問方法

弊社Webサイトの「刊行物Q&A」をご利用ください。

刊行物Q&A　https://www.shoeisha.co.jp/book/qa/

インターネットをご利用でない場合は、FAXまたは郵便にて、下記"翔泳社 愛読者サービスセンター"までお問い合わせください。
電話でのご質問は、お受けしておりません。

●回答について

回答は、ご質問いただいた手段によってご返事申し上げます。ご質問の内容によっては、回答に数日ないしはそれ以上の期間を要する場合があります。

●ご質問に際してのご注意

本書の対象を越えるもの、記述個所を特定されないもの、また読者固有の環境に起因するご質問等にはお答えできませんので、予めご了承ください。

●郵便物送付先およびFAX番号

送付先住所　〒160-0006　東京都新宿区舟町５
FAX番号　03-5362-3818
宛先　（株）翔泳社 愛読者サービスセンター

●免責事項

※本書の記載内容は、一部を除き2021年７月現在の法令等に基づいています。
※本書の出版にあたっては正確な記述に努めましたが、著者および出版社のいずれも、本書の内容に対してなんらかの保証をするものではありません。
また、内容やサンプルに基づく、いかなる運用結果に関してもいっさいの責任を負いません。
※本書に記載された商品・サービスの内容や価格、URL等は予告なく変更される場合があります。

[著者プロフィール]

三原 由紀（みはら・ゆき）

プレ定年専門FP（ファイナンシャル・プランナー）。合同会社エミタメ代表、公的保険アドバイザー、相続診断士、NPO法人いちかわライフネットワーククラブ人づくり事業部フェロー。
大学卒業後、バブル期に大手食品メーカー、外資系メーカーに勤務。子育て中で外に出られないときに同じアパートに住むママ友3人で株のネットトレードを始め、夫に内緒のままコッソリ、1000万円以上の利益を達成。子どもの小学校入学を機に保険代理店でパート勤務を開始し、FP資格を取得。「無知はリスク（知らない＝損をしていることもわからない）」を痛感し、自身の保険や住宅ローンの見直しに取り組み、家計を再生する。
2016年にFPとして独立。現在、定年後の生活設計を専門とするFPとして、50代が抱える悩みや不安に特化し個別相談を行う。「東洋経済オンライン」「MONEY PLUS-くらしの経済メディア」など大手メディアで執筆多数。

●三原 由紀 公式サイト
https://ara50fp.com/

本文DTP　平野 直子（株式会社 デザインキューブ）
本文デザイン　大悟法 淳一、大山 真葵（株式会社 ごぼうデザイン事務所）
本文イラスト　加藤 陽子

書けば貯まる！
今から始める自分にピッタリな老後のお金の作り方

2021年 9月 6日　初版第1刷発行

著者	三原 由紀
発行人	佐々木 幹夫
発行所	株式会社 翔泳社（https://www.shoeisha.co.jp）
印刷・製本	日経印刷 株式会社

本書へのお問い合わせについては、135ページに記載の内容をお読みください。

ISBN978-4-7981-7189-0
Printed in Japan